Holt Spanish 2

Lab Book

HOLT, RINEHART AND WINSTON

A Harcourt Education Company

Orlando • **Austin** • New York • San Diego • Toronto • London

Contributing Writers

Virginia K. Dosher

Karin Fajardo

> If you have received these materials as examination copies free of charge, Holt, Rinehart and Winston retains title to the materials and they may not be resold. Resale of examination copies is strictly prohibited.

> Possession of this publication in print format does not entitle users to convert this publication, or any portion of it, into electronic format.

ISBN 0-03-074518-7

8 9   170   08 07

Table of Contents

To the Student

The materials in this *Lab Book* will help you quickly familiarize yourself with the listening activities in your textbook and the material in the video program, and give you the opportunity to practice the vocabulary and grammar you learn by doing Web-based activities and computer presentations. The *Lab Book* is divided into three parts.

- **Online Resource Activities**

  These 10 pages give you step-by-step instructions for activities that combine Spanish, technology, and Internet research. Each activity helps you practice the grammar and vocabulary presented in the corresponding chapter of *¡Exprésate!* and is tied to the chapter theme or location. You will do activities that focus on art, architecture, food, shopping, and other topics. By doing these activities you will become more knowledgeable about the Spanish-speaking world while using the Internet and technology.

- **Student Response Forms for Listening Activities**

  This section provides you with answer sheets for the listening activities found in your textbook. There are several activities for each chapter that practice the vocabulary, grammar, and functional expressions you have learned. Make sure you bring your lab book with you to class everyday so you will be prepared when it's time for the listening activities!

- **Video Activities**

  The last part of your *Lab Book* contains worksheets for you to fill out as you watch the video segments or as homework to review. These pages accompany the video program segments: **GeoVisión**, **ExpresaVisión**, **GramaVisión**, **VideoCultura**, **VideoNovela**, and **Variedades**.

Online
Resource Activities

Ciudad de México—Familiares y amigos 

CAPÍTULO

USING TECHNOLOGY

PowerPoint® Presentation

La arquitectura de la Ciudad de México

You're a professor of art history at the Universidad Nacional Autónoma de México. Put together a short PowerPoint® slide show on the architecture of Mexico City. Include three photos with captions in Spanish that tell the name of each monument, the approximate date when it was constructed, and an interesting fact about it.

Follow these steps in preparing your presentation. Check each step as you complete it.

☐   **1.** Log on to **go.hrw.com.**

☐   **2.** Enter the keyword EXP2 CH1 and click *Lab Book.*

☐   **3.** Save three photos from the set to your computer's desktop by right-clicking on each one and selecting Save As (IBM®-compatible) or by holding down the Control key while clicking on each and selecting Download Image to Disk (Macintosh®).

☐   **4.** Study pages 1 and 3 of your textbook.

☐   **5.** Do research on the Internet or in a library for additional information on each photo you chose.

☐   **6.** Document your sources of information on the lines below.

☐   **7.** Open PowerPoint® on your computer and insert the chosen images into your slide show. Use Insert > Picture > From File, then browse to the photos you saved on your computer's desktop. (See the PowerPoint® Help menu for more information.)

☐   **8.** Type a caption in Spanish for each image. Consult the descriptions in your book for the wording of your captions. Remember to use simple Spanish that your audience can understand.

☐   **9.** Review and revise your presentation.

☐ **10.** Practice giving your presentation with a partner.

Notes:

Photo 1 ____

____

Photo 2 ____

____

Photo 3 ____

____

Source(s) ____

____

____

1

Cuzco—En el vecindario

CAPÍTULO 2

USING TECHNOLOGY

Storyboard

Un anuncio

You're creating a Spanish-language public service announcement to be played during the after-school programming on television. It should encourage teenagers to help out around their house with chores so that their parents aren't over-worked. Write a storyboard for your commercial. First, do research to learn what a storyboard is. Then select three images from the set provided and write the script in Spanish to go with each image telling the viewers what they should do to help around the house.

Follow these steps in preparing your storyboard. Check each step as you complete it.

- ☐ 1. Do research on the Internet or in a library on what a storyboard is.
- ☐ 2. Document your source(s) of information on the lines below.
- ☐ 3. Log on to **go.hrw.com.**
- ☐ 4. Enter the keyword EXP2 CH2 and click *Lab Book.*
- ☐ 5. Pick three photos from the set, print them out, and arrange them on your storyboard panel. Don't forget to leave space at the top of the panel for a slogan.
- ☐ 6. Write the words to go with each image. Study the **Vocabulario** and **¡Exprésate!** presentations on pages 58–59 and 61 for vocabulary. To review how to make commands, see page 26 of your textbook.
- ☐ 7. Add a catchy slogan in Spanish at the top of the panel.
- ☐ 8. Review and revise your storyboard.
- ☐ 9. Turn it in to your teacher.

Notes:

What a storyboard is ____

____

Source(s) ____

Script for Photo 1 ____

____

Script for Photo 2 ____

____

Script for Photo 3 ____

____

2

Santo Domingo—Pueblos y ciudades

CAPÍTULO **3**

USING TECHNOLOGY

Tourism Brochure

De visita en Santo Domingo

Produce a tourism brochure for the city of Santo Domingo. Include five photos with captions in Spanish that give the name of each attraction and a brief description of it paraphrased from the presentation in your textbook. Use some of the advanced features of your word processing program so that the layout looks professional and attractive.

Follow these steps in preparing your brochure. Check each step as you complete it.

- [ ] **1.** Log on to **go.hrw.com.** Enter the keyword EXP2 CH3 and click *Lab Book.*
- [ ] **2.** Save the photos for your brochure to your computer's desktop by right-clicking on each and selecting Save As (IBM®-compatible) or by holding down the Control key while clicking on each image and selecting Download Image to Disk (Macintosh®).
- [ ] **3.** Open a word processing program such as Microsoft® Word or AppleWorks™ on your computer and begin to create your brochure.
- [ ] **4.** The brochure should be in the landscape (horizontal) rather than the portrait (vertical) format. Use Page Setup from the File menu to start your document.
- [ ] **5.** Set the document in three columns so that it can be folded to look like a standard brochure. Use the Columns feature of the Format menu.
- [ ] **6.** Insert images in your document using Insert > Picture > From File.
- [ ] **7.** Set captions with the Text Box feature (by clicking the icon in the Drawing toolbar or holding the Alt key and dragging open a box).
- [ ] **8.** See pages 80–83 of your textbook for information on each attraction. Re-word your captions so that they aren't copied word-for-word from your textbook.
- [ ] **9.** For assistance with word processing features, do research on the Internet or look up the features in the Index of the Help menu of your word program.
- [ ] **10.** Document any research you do on the lines below.
- [ ] **11.** Review and revise your document.
- [ ] **12.** Turn it in to your teacher.

Notes:

Word feature ____

Source ____

Word feature ____

Source ____

Nombre ______________________ Clase ______________ Fecha ______________

CAPÍTULO 4

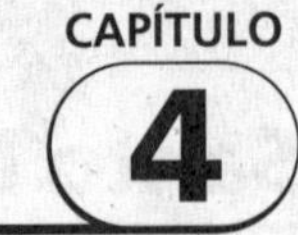

Miami—¡Mantente en forma!

USING TECHNOLOGY

Picture Story

Un día en la enfermería

You're a nurse at the infirmary of a Miami highschool. Write an illustrated story about your busy day using three of the photos provided. Each image should be accompanied by a written conversation in Spanish. The conversation will consist of the complaint that a sick or injured student made and the treatment you recommended for the ailment.

Follow these steps in preparing your picture story. Check each step as you complete it.

☐ **1.** Log on to **go.hrw.com.**

☐ **2.** Enter the keyword EXP2 CH4 and click *Lab Book.*

☐ **3.** Save three photos from the set to your computer's desktop by right-clicking on each one and selecting Save As (IBM®-compatible) or by holding down the Control key while clicking on each and selecting Download Image to Disk (Macintosh®).

☐ **4.** Open a word processing program such as Microsoft® Word or AppleWorks™ on your computer.

☐ **5.** Insert the photos you saved earlier and write a short dialog to accompany each picture. Consult the **Vocabulario** and **¡Exprésate!** presentations on pages 138–139 and 141 of your textbook for vocabulary.

☐ **6.** Give your story a title in Spanish.

☐ **7.** Review and revise your story.

☐ **8.** Print out your document and give it to your teacher.

Notes:

Photo 1 ____

____

____

____

Photo 2 ____

____

____

____

Photo 3 ____

____

____

____

San José—Día a día

CAPÍTULO 5

USING TECHNOLOGY

Simple Web Page

El Teatro Nacional

Produce a simple Web page on the **Teatro Nacional** for the council of the city of San José. Include a photo at the top of your page and a passage in Spanish about the theater underneath it.

Follow these steps in preparing your Web page. Check each step as you complete it.

☐ **1.** Study the captions under the **Las bellas artes** section on p. 163.

☐ **2.** Log on to **go.hrw.com.** Enter the keyword EXP2 CH5 and click *Lab Book.*

☐ **3.** Save one of the photos to your computer's desktop by right-clicking on it and selecting Save As (IBM®-compatible) or by holding down the Control key while clicking on it and selecting Download Image to Disk (Macintosh®). Save the image with the following file name: *teatro.jpg.*

☐ **4.** To create your page, open a text editor application that is more basic than the application you usually use for word processing. If you have a Macintosh® computer, open SimpleText® or TextEdit®. If you have an IBM®-compatible computer, open Notepad®. You may need to locate these applications with the Sherlock® (Macintosh) or Find File (IBM-compatible) feature.

☐ **5.** Read the description on page 163 of your book, then type your caption into your document.

☐ **6.** In order for the accented letters to look normal on the Web, you'll need to replace them with the following HTML tags: *á* (for *á*), *é* (for *é*), *í* (for *i*), *ñ* (for *ñ*), *ó* (for *ó*). The word **está** would look like this in your document: ***estáá.***

☐ **7.** Above the passage of text, set this line: *<img src="teatro.jpg" />
*. This will set your image in place on your Web page. Make sure to enter the extra space between the second quotation mark and the slash after it.

☐ **8.** Review and revise your document.

☐ **9.** Save your document as: *teatronacional.htm*

☐ **10.** Create a folder for your Web page on your computer's desktop.

☐ **11.** Place the image file and the *teatronacional.htm* (text) file in that folder.

☐ **12.** Open your Web browser.

☐ **13.** View your Web page by opening it from the File menu at the top of your browser window. Select Open File and then browse for the the *.htm* document you just created.

☐ **14.** Print out your Web page and turn it in to your teacher.

Notes:

____

____

____

CAPÍTULO 6

Segovia—Recuerdos

Comic Strip

Mi niñez

Create a comic strip about your childhood using four of the illustrations provided. Accompany each image with a statement in Spanish. You may wish to add an artistic touch to your comic strip by creating your own drawings.

Follow these steps in preparing your comic strip. Check each step as you complete it.

☐ **1.** Log on to **go.hrw.com.**

☐ **2.** Enter the keyword EXP2 CH6 and click *Lab Book.*

☐ **3.** Pick four photos from the set, print them out, and arrange them in the sequence you want on a separate piece of paper. As an alternative, create your own drawings on your computer and use one or more of them in your comic strip.

☐ **4.** Write a short statement in Spanish to accompany each picture. Study the **Vocabulario** and **¡Exprésate!** presentations on pages 206–207 of your textbook for vocabulary.

☐ **5.** Entitle your comic strip *Mi niñez.*

☐ **6.** Review and revise your comic strip.

☐ **7.** Turn it in to your teacher.

Notes:

Illlustration 1 ____

____

____

Illustration 2 ____

____

Illustration 3 ____

____

Illustration 4 ____

____

____

San Juan—¡Buen provecho!

CAPÍTULO 7

USING TECHNOLOGY

Recipe

Los batidos

Your Spanish club has declared this week Puerto Rican Week and you're celebrating by having a competition for who can make the best **batido.** Find a recipe for a **batido** that sounds tasty and set the recipe with an attractive layout so that you'll be proud to share it with the group.

Follow these steps in preparing your recipe. Check each step as you complete it.

- [ ] **1.** Log on to **go.hrw.com.**
- [ ] **2.** Enter the keyword EXP2 CH7 and click *Lab Book.*
- [ ] **3.** Save a photo for your recipe to your computer's desktop by right-clicking on it and selecting Save As (IBM®-compatible) or by holding down the Control key while clicking on it and selecting Download Image to Disk (Macintosh®).
- [ ] **4.** Find a recipe for a **batido** that appeals to you on the Internet or in a library.
- [ ] **5.** Document your source on the lines below and make a copy of the recipe.
- [ ] **6.** Open a word processing program such as Microsoft® Word or AppleWorks™ on your computer and begin to create your own recipe.
- [ ] **7.** Paraphrase the original recipe using the expressions from the **Vocabulario** and **¡Exprésate!** presentations on pages 258–260 of your textbook. You can find additional vocabulary on pages 266 and 270–271. Be sure to rephrase your recipe so that it's not a copy of the original.
- [ ] **8.** Insert a photo in your document using Insert > Picture > From File.
- [ ] **9.** Set the name of the **batido** (i.e. *batido de fresas*) and the list of ingredients at the top of the recipe.
- [ ] **10.** Set the steps for the recipe as a numbered list using the Bullets and Numbering feature of the Format menu of your word processing program.
- [ ] **11.** Review and revise your recipe.
- [ ] **12.** Print it out.
- [ ] **13.** Attach the copy of the original recipe.
- [ ] **14.** Turn it in to your teacher.

Notes:

Type of batido ____

____

____

Source of recipe ____

____

____

Santiago—Tiendas y puestos

CAPÍTULO 8

Magazine Page

¿A la última moda o victima de la moda?

You work for a Chilean magazine called *Feria persa*. Write an article for the magazine with fashion dos and don'ts. The article should feature three photos of teenagers and comments on their outfits.

Follow these steps in preparing your magazine page. Check each step as you complete it.

- [ ] **1.** Log on to **go.hrw.com.**
- [ ] **2.** Enter the keyword EXP2 CH8 and click *Lab Book.*
- [ ] **3.** Save three photos from the set to your computer's desktop by right-clicking on each and selecting Save As (IBM®-compatible) or by holding down the Control key while clicking on each image and selecting Download Image to Disk (Macintosh®).
- [ ] **4.** Open a word processing program such as Microsoft® Word or AppleWorks™ on your computer and begin to create your article.
- [ ] **5.** Insert the photos into your document using Insert > Picture > From File.
- [ ] **6.** Write your opinion in Spanish of each outfit featured in the photos. Be sure to mention the names of the articles of clothing, remark on how they fit and match, and make an appraisal of the overall look of the ensemble.
- [ ] **7.** Refer to the **Vocabulario** and **¡Exprésate!** presentations on pages 286–287 of your textbook as a reference while you're writing.
- [ ] **8.** End your descriptions with a word of advice for your readers. To review commands, see page 26 of your textbook.
- [ ] **9.** Format your article so that it looks professional. Experiment with setting the text in columns using the Format menu or with setting the text in tables using the Table menu.
- [ ] **10.** Review and revise your article.
- [ ] **11.** Turn it in to your teacher.

Notes:

Photo 1 ____

____

Photo 2 ____

____

Photo 3 ____

____

  8

El Paso—A nuestro alrededor

PowerPoint® Presentation

El adobe

You're producing a documentary on adobe construction in the Southwest of the U.S. for a Spanish-language television network, *Mundovisión*. Create slides for the portion of the documentary that focuses on adobe construction in the area around El Paso.

Follow these steps in preparing your documentary. Check each step as you complete it.

- ☐ **1.** Log on to **go.hrw.com.** Enter the keyword EXP2 CH9 and click *Lab Book.*
- ☐ **2.** Save three photos from the set to your computer's desktop by right-clicking on each one and selecting Save As (IBM®-compatible) or by holding down the Control key while clicking on each and selecting Download Image to Disk (Macintosh®).
- ☐ **3.** Study the **Geocultura** pages 321–323 of your textbook.
- ☐ **4.** Do research on the Internet or in a library for additional information on the buildings pictured and on adobe construction in general.
- ☐ **5.** Document your sources of information on the lines below.
- ☐ **6.** Open PowerPoint® on your computer and insert the chosen images into your slide show. Use Insert > Picture > From File, then browse to the photos you saved on your computer's desktop. (See the PowerPoint® Help menu for more information.)
- ☐ **7.** Type a caption in Spanish for each image. Your presentation should include the names of the historic buildings in El Paso and a general background on adobe construction in the Southwest. Remember to use simple Spanish that your audience can understand.
- ☐ **8.** Review and revise your presentation.
- ☐ **9.** Practice giving your presentation with a partner.

Notes:

Caption for Photo 1 ____

____

Caption for Photo 2 ____

____

Caption for Photo 3 ____

____

Sources ____

____

____

____

Buenos Aires—De vacaciones

CAPÍTULO 10

USING TECHNOLOGY

Newspaper Article

Bienvenidos a Buenos Aires

You're writing an column for the travel section of an online newspaper called *El Ciudadano*. The article is a brief article on Buenos Aires for Spanish-speaking tourists that provides them with all the basic information they need to enjoy a stay in the city.

Follow these steps in preparing your newspaper article. Check each step as you complete it.

- [ ] **1.** Log on to **go.hrw.com.**
- [ ] **2.** Enter the keyword EXP2 CH10 and click *Lab Book.*
- [ ] **3.** Save three photos from the set to your computer's desktop by right-clicking on each and selecting Save As (IBM®-compatible) or by holding down the Control key while clicking on each image and selecting Download Image to Disk (Macintosh®).
- [ ] **4.** Open a word processing program such as Microsoft® Word or AppleWorks™ on your computer and begin to create your article.
- [ ] **5.** Set your article in two columns using the Format menu.
- [ ] **6.** Insert the photos into your document using Insert > Picture > From File.
- [ ] **7.** Now write your article. It should be one page long.
- [ ] **8.** Use the presentation on Buenos Aires on pages 360–363 of your textbook and the **Vocabulario** and **¡Exprésate!** presentations on pages 366–367 and 369 as a reference while you're writing. For additional vocabulary, see pages R12 and R15.
- [ ] **9.** Include four of the following topics in your article: **lugares de interés, medios de transporte, alojamiento** *(accommodations),* **métodos de pago** *(methods of payment),* **moneda** *(currency),* **cultura y arte, oficinas de turismo.**
- [ ] **10.** Add brief captions in Spanish for the three images you've selected.
- [ ] **11.** Review and revise your article.
- [ ] **12.** Turn it to your teacher.

Notes:

Photo 1 ____

____

Photo 2 ____

____

Photo 3 ____

____

Student
Response Forms

Student Response Form

Actividad 1

Escucha las oraciones y escoge la descripción más adecuada.

_____ **1.**

    a. es graciosa   **b.** es intelectual

_____ **2.**

    a. es perezoso   **b.** es trabajador

_____ **3.**

    a. son atléticos   **b.** son serios

_____ **4.**

    a. es baja   **b.** es activa

_____ **5.**

    a. soy morena   **b.** soy extrovertida

_____ **6.**

    a. es tímido   **b.** es guapo

STUDENT RESPONSE FORM

Actividad 13

Escucha las oraciones y decide si la persona habla

a) de sí mismo(a) (*him/herself*)
b) de otra persona o
c) de sí mismo con otra(s) persona(s).

_____ **1.**

_____ **2.**

_____ **3.**

_____ **4.**

_____ **5.**

_____ **6.**

STUDENT RESPONSE FORM

Actividad 17

Escucha las oraciones y decide en qué parte de la casa está cada persona.

| la sala | el jardín | el baño | el comedor | la habitación | la cocina |

1. _______________________________
2. _______________________________
3. _______________________________
4. _______________________________
5. _______________________________
6. _______________________________

Actividad 20

Dora y Jorge están en México. Escucha las oraciones y di a qué foto se refieren.

a.

b.

c.

d.

e.

f.

_____ 1.   _____ 4.

_____ 2.   _____ 5.

_____ 3.   _____ 6.

  (15)

STUDENT RESPONSE FORM

Actividad 27

Escucha las conversaciones y decide si las actividades se hacen **a)** por lo general, **b)** ahora o **c)** más tarde.

____ **1.**   ____ **3.**   ____ **5.**   ____ **7.**

____ **2.**   ____ **4.**   ____ **6.**   ____ **8.**

Actividad 31

Escucha mientras Esmeralda habla de su familia. Decide si lo que dice es **a)** una oración o **b)** un mandato.

____ **1.**   ____ **3.**   ____ **5.**   ____ **7.**

____ **2.**   ____ **4.**   ____ **6.**   ____ **8.**

Repaso Actividad 6

Escucha la conversación entre Ana y Pedro y escribe qué tienen que hacer y qué quieren o prefieren hacer.

Ana tiene que …	**Pedro tiene que …**
_______________________	_______________________
_______________________	_______________________
_______________________	_______________________

Ana prefiere / quiere …	**Pedro prefiere / quiere …**
_______________________	_______________________
_______________________	_______________________
_______________________	_______________________

Integración Actividad 1

Escucha las oraciones y escoge la foto correspondiente.

   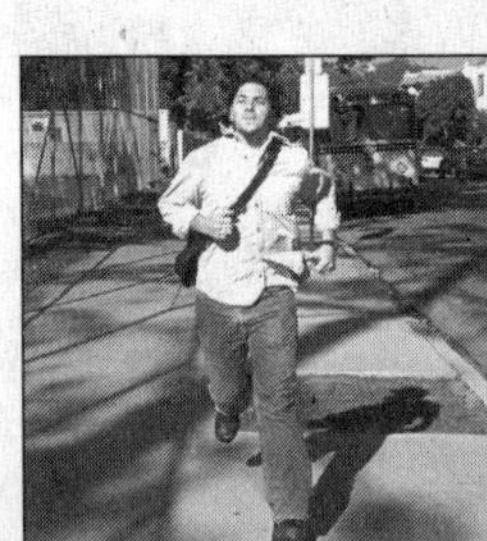

a. ______   b. ______   c. ______   d. ______

  (16)

Student Response Form

Actividad 1

Escucha los comentarios. Empareja cada persona con su profesión.

_____ **1.** Ricardo

_____ **2.** la señorita Vargas

_____ **3.** la vecina de Luisa

_____ **4.** el señor Rodríguez

_____ **5.** la señora Borges

_____ **6.** Susana

_____ **7.** el tío de Antonio

_____ **8.** el señor Castaño

> **a.** Es comerciante.
> **b.** Es programadora.
> **c.** Es dentista.
> **d.** Es bombero.
> **e.** Es enfermera.
> **f.** Es periodista.
> **g.** Es cocinero.
> **h.** Es banquera.

STUDENT RESPONSE FORM

Actividad 14

Una mujer se describe. En su descripción ella contesta las siguientes preguntas menos tres. ¿Cuáles son?

    a. ¿Quién es?

    b. ¿De dónde es?

    c. ¿Cómo es?

    d. ¿Cuántos son en su familia?

    e. ¿A qué se dedica?

    f. ¿Cómo es su trabajo?

    g. ¿Cuándo son sus vacaciones?

    h. ¿Cuáles son sus pasatiempos?

Las preguntas que ella no contesta son: ___, ___, ___.

CAPÍTULO
2

STUDENT RESPONSE FORM

Actividad 17

Escucha cada oración y di si es **cierta** o **falsa** según el dibujo. Luego escribe oraciones diciendo dónde está cada cosa.

______________ 1.		______________ 5.	
______________ 2.		______________ 6.	
______________ 3.		______________ 7.	
______________ 4.		______________ 8.	

____

____

____

____

Actividad 28

Escucha lo que dice cada persona y di qué profesión tiene.

médico	banquero	agente de aduanas	bombera
cocinero	dentista	trabajadora social	comerciante

______________ 1.		______________ 5.	
______________ 2.		______________ 6.	
______________ 3.		______________ 7.	
______________ 4.		______________ 8.	

Holt Spanish 2

Lab Book

CAPÍTULO 2

STUDENT RESPONSE FORM

Repaso Actividad 6

Amalia habla de la casa nueva de su familia. Escucha lo que dice y contesta las preguntas.

1. ¿Cómo ayudaron los vecinos a los padres de Amalia?

   ____

2. ¿Cómo es la casa nueva?

   ____

3. ¿Qué parte de la casa le gusta más al padre de Amalia?

   ____

4. ¿Qué no le gusta a Amalia de la casa nueva? ¿Por qué?

   ____

5. ¿Qué no le toca hacer a Amalia en la casa nueva? ¿Por qué?

   ____

Integración Actividad 1

Escucha mientras varias personas describen su profesión. Luego escoge la foto correspondiente.

a. _______ b. _______ c. _______ d. _______

(20)

Student Response Form

CAPÍTULO **3**

Actividad 3

Escucha las preguntas y escoge la respuesta más lógica.

_____ **1.**
    a. Sí, claro. Hay uno enfrente de la plaza.
    b. Creo que hay una panadería cerca de aquí.

_____ **2.**
    a. No estoy seguro. Creo que sí.
    b. Sí, se habla español en la tienda de comestibles.

_____ **3.**
    a. Sí, claro. Está al lado del café.
    b. Sí, claro. Son las dos y media.

_____ **4.**
    a. No estoy seguro. Voy a preguntarle a la enfermera.
    b. Sí, se abre a las ocho de la mañana.

_____ **5.**
    a. Sí, llegan a las siete.
    b. Lo siento, no sé.

_____ **6.**
    a. Debe pasar por el cajero automático.
    b. No estoy seguro. Pregúntele a alguien en el ayuntamiento.

STUDENT RESPONSE FORM

Actividad 10

Araceli nos cuenta lo que hace ahora y lo que hizo ayer. Escucha y di si habla
a) del presente o **b**) del pasado.

_____ 1.

_____ 2.

_____ 3.

_____ 4.

_____ 5.

_____ 6.

_____ 7.

_____ 8.

_____ 9.

Actividad 17

Escucha lo que hicieron Arturo y Pablo ayer y pon en orden las oraciones.

_____ **a.** Los dos muchachos fueron juntos al ayuntamiento.

_____ **b.** Arturo tuvo que hacer algunas cosas para su mamá.

_____ **c.** Pablo no fue con Arturo a la oficina de correos ni a la biblioteca.

_____ **d.** Pablo almorzó en casa de Arturo.

_____ **e.** Pablo fue con Arturo al café de la plaza central.

_____ **f.** Los muchachos dieron un paseo muy largo.

STUDENT RESPONSE FORM

Actividad 22

Mira el mapa. Imagina que estás en la plaza. Di si cada dirección que escuchas es **correcta** o **incorrecta**.

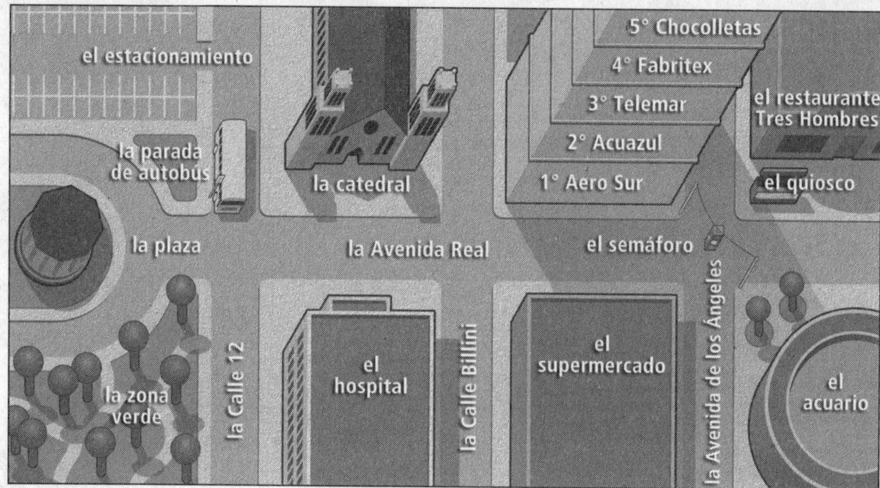

_________ 1.   _________ 3.   _________ 5.   _________ 7.

_________ 2.   _________ 4.   _________ 6.

Actividad 30

Mira el mapa de Santo Domingo. Si alguien sale del Parque Independencia y sigue las instrucciones, ¿adónde llega?

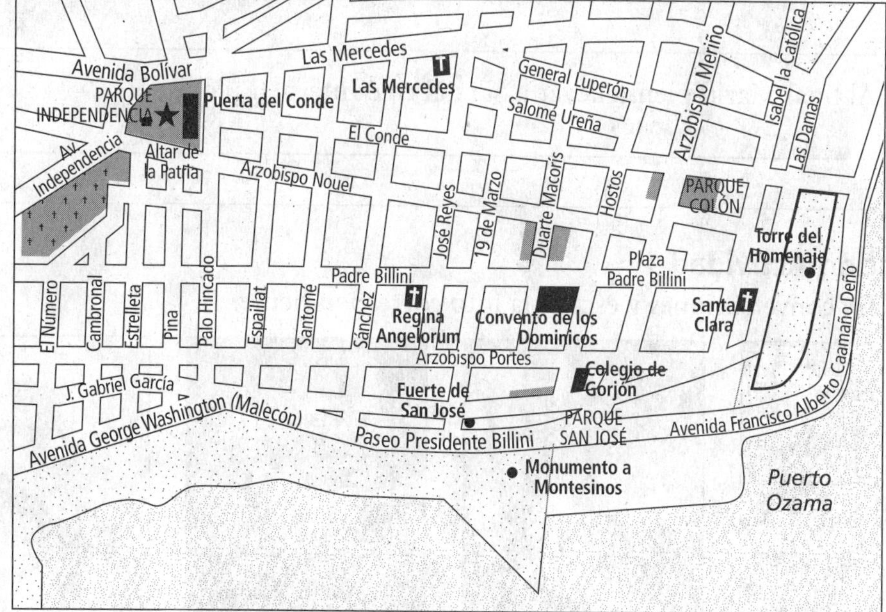

1. _____________________________   3. _____________________________

2. _____________________________   4. _____________________________

STUDENT RESPONSE FORM

Actividad 33
Escucha lo que dice la señora Cortez y di si está hablando
a) con sus hijos, **b)** con su madre o **c)** con su hija menor.

_____ **1.**

_____ **2.**

_____ **3.**

_____ **4.**

_____ **5.**

_____ **6.**

_____ **7.**

_____ **8.**

Repaso Actividad 6
Escucha la conversación de Mario y Sara y contesta las preguntas.

1. ¿Qué diligencias debe hacer Mario?

____

____

2. ¿Por qué Mario no quiere llevar a Sara al café Internet?

____

____

3. Al final Mario piensa llevar a Sara al café Internet. ¿Por qué?

____

____

Integración Actividad 1
Escucha las conversaciones y escoge la foto correspondiente.

a. _____

b. _____

c. _____

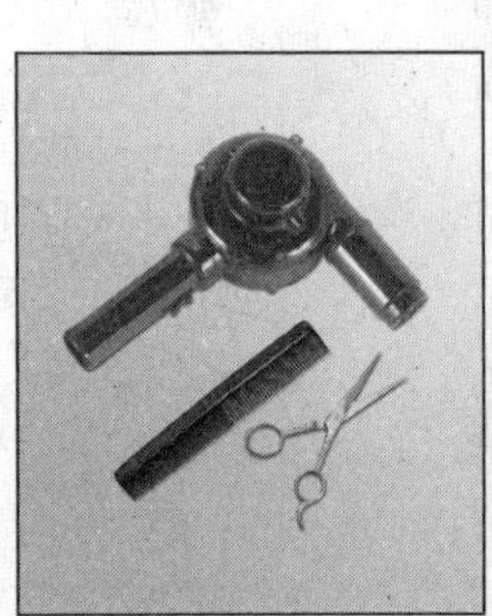
d. _____

  24

Student Response Form

Actividad 2

Escucha cada conversación y determina si la persona **a)** ganó o **b)** perdió.

_____ 1.

_____ 2.

_____ 3.

_____ 4.

_____ 5.

_____ 6.

 25

STUDENT RESPONSE FORM

Actividad 13

Escucha las situaciones y decide **a)** si las acciones ocurren generalmente o
b) si ya ocurrieron.

_____ 1.

_____ 2.

_____ 3.

_____ 4.

_____ 5.

_____ 6.

Actividad 16

Escucha ocho oraciones sobre un partido de básquetbol y usa el contexto para
determinar si el verbo es **a)** ser o **b)** ir.

_____ 1.

_____ 2.

_____ 3.

_____ 4.

_____ 5.

_____ 6.

_____ 7.

_____ 8.

STUDENT RESPONSE FORM

Actividad 21

Mira las fotos y escucha las conversaciones. Decide qué conversación corresponde a
cada foto.

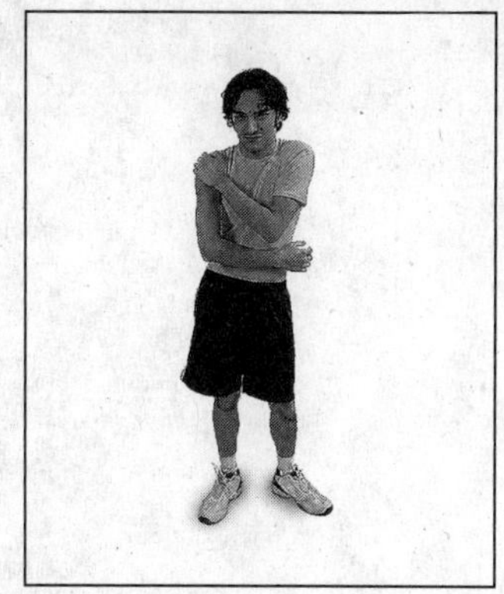

a. _______

b. _______

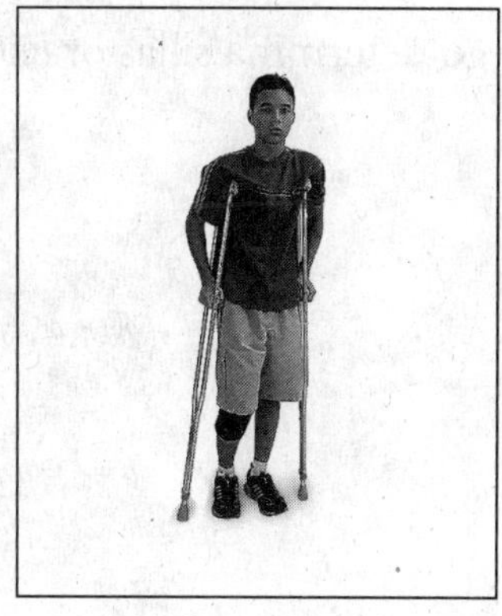

c. _______

d. _______

e. _______

Holt Spanish 2

Lab Book

STUDENT RESPONSE FORM

Actividad 30

Escucha las oraciones. Di qué cosas no pueden hacer las siguientes personas si tienen la condición que describen. Usa cada respuesta sólo una vez.

No puede …
a. escribir
b. ver
c. correr
d. oír bien
e. ponerse aretes
f. comer
g. levantar pesas
h. maquillarse

_____________ 1.

_____________ 2.

_____________ 3.

_____________ 4.

_____________ 5.

_____________ 6.

_____________ 7.

_____________ 8.

Repaso Actividad 6

Escucha la conversación entre Pablo y el médico. Luego determina si las oraciones que oyes son **a)** ciertas o **b)** falsas.

_____ 1.

_____ 2.

_____ 3.

_____ 4.

_____ 5.

_____ 6.

Integración Actividad 1

Escucha las conversaciones y escoge la foto correspondiente.

a. _____

b. _____

c. _____

d. _____

Student Response Form

Actividad 1

Mira las fotos y escucha las conversaciones. Decide qué foto corresponde a cada conversación.

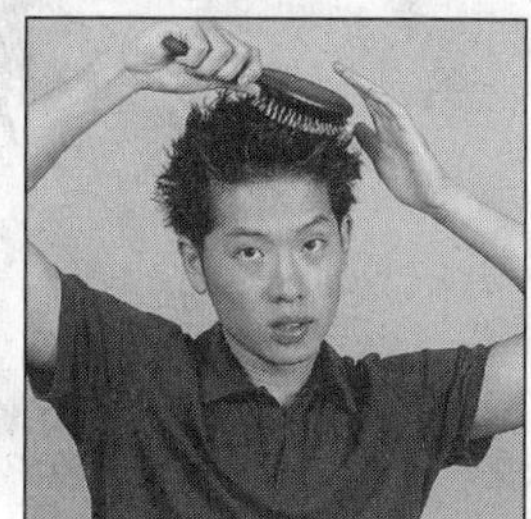 a. _____

 b. _____

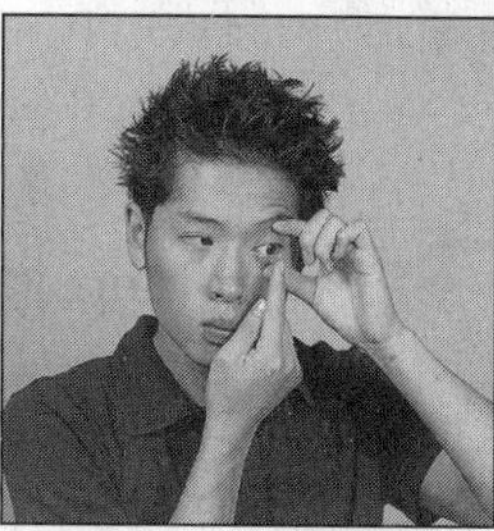 c. _____

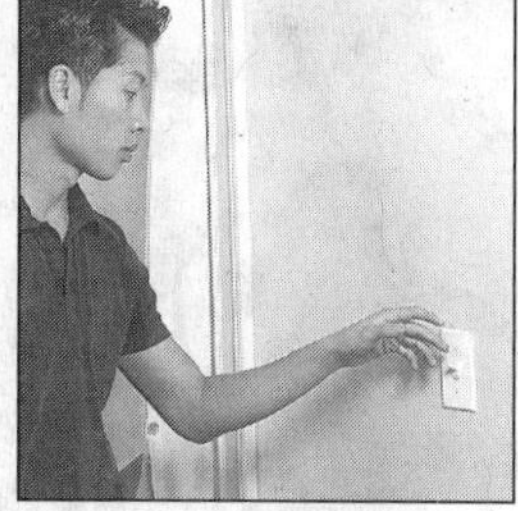 d. _____

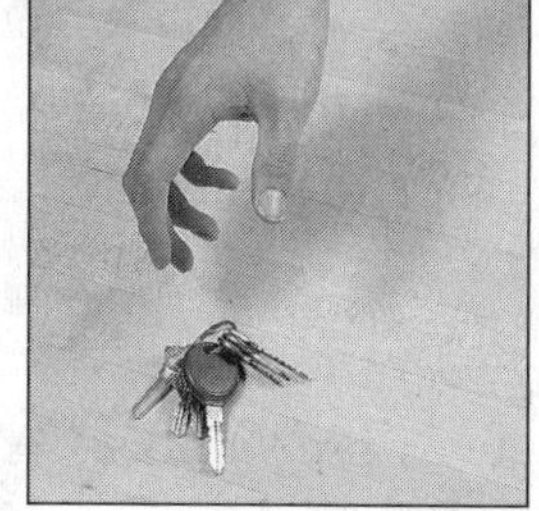 e. _____

Actividad 4

Escucha las oraciones y decide si la persona que habla quiere: **a)** apurar *(to hurry)* a alguien, **b)** saber si alguien se acordó o no de hacer algo, o **c)** contestarle *(to answer)* a alguien.

_____ 1.

_____ 2.

_____ 3.

_____ 4.

_____ 5.

_____ 6.

_____ 7.

_____ 8.

_____ 9.

CAPÍTULO 5

STUDENT RESPONSE FORM

Actividad 12

Escucha las siguientes conversaciones y escoge el mejor resumen *(summary)* de cada una.

_____ **1.**

    a. Carmen ya se pintó las uñas.

    b. Carmen va a pintarse las uñas.

_____ **2.**

    a. Adriana ya se puso la chaqueta.

    b. Adriana se está poniendo la chaqueta.

_____ **3.**

    a. Enrique se acordó de poner la tarea en la mochila.

    b. Enrique va a poner la tarea en la mochila.

_____ **4.**

    a. Sara ya se maquilló.

    b. Sara va a maquillarse.

_____ **5.**

    a. Miguel ya se afeitó.

    b. Miguel ya se vistió.

Actividad 16

Escucha las oraciones de Enrique y decide si habla de una cosa que es **a)** de él, **b)** de su hermana, o **c)** de ambos *(both)*.

_____ **1.**

_____ **2.**

_____ **3.**

_____ **4.**

_____ **5.**

_____ **6.**

_____ **7.**

STUDENT RESPONSE FORM

Actividad 20

Escucha mientras varias personas hablan de pasatiempos. Identifica qué foto le corresponde a lo que dice cada persona.

a. _______

b. _______

c. _______

d. _______

e. _______

Actividad 28

Escucha lo que dice Enrique sobre su vida diaria y luego contesta las preguntas usando **hace que.**

¿Cuánto tiempo hace que Enrique...?

1. estudia en el Colegio Humboldt

____

2. estudia inglés

____

3. estudia alemán

____

4. toca la guitarra

____

5. toca en un grupo de música rock

____

6. juega al golf

____

CAPÍTULO
5

STUDENT RESPONSE FORM

Actividad 33

Escucha las conversaciones y escoge las oraciones más lógicas.

_____ **1. a.** No sólo nos gusta la música rock, sino también la música jazz.
b. Nos gustaría ir, pero tenemos que estudiar para un examen.

_____ **2. a.** No, pero sí le interesa tomar clases de yoga.
b. Las clases no son los lunes sino los miércoles.

_____ **3. a.** No sólo los recogí, sino que también agarré el impermeable.
b. Sí, pero no me interesó para nada.

_____ **4. a.** No juego sólo con ellos, sino que también juego con mis amigos los sábados.
b. Sí, pero se cansan mucho de hacer crucigramas.

_____ **5. a.** No tuve que lavarme los dientes sino ponerme los lentes de contacto.
b. Sí, pero me olvidó por completo darle de comer al gato.

_____ **6. a.** No trajo las llaves sino el paraguas.
b. Sí, pero no puede conversar si no es una emergencia.

Repaso Actividad 6

Escucha las conversaciones y contesta las preguntas.

1. ____

2. ____

3. ____

4. ____

Integración Actividad 1

El señor Garza habla de sus estudiantes Irene, Pablo, Leli, Tere, Víctor y Octavio. Identifícalos, basándote en lo que oyes.

a. _____   b. _____   c. _____   d. _____

    (32)

Student Response Form

CAPÍTULO
6

Actividad 1

Mira los dibujos y escucha las oraciones. Decide qué foto le corresponde a cada oración.

a. _______

b. _______

c. _______

d. _______

e. _______

f. _______

g. _______

h. _______

CAPÍTULO
6

STUDENT RESPONSE FORM

Actividad 6

Un joven habla de cómo se lleva con su hermano ahora y cómo se llevaban de niños.
Indica si cada oración describe su relación **a)** ahora o **b)** cuando eran niños.

_____ **1.**

_____ **2.**

_____ **3.**

_____ **4.**

_____ **5.**

_____ **6.**

_____ **7.**

_____ **8.**

34

STUDENT RESPONSE FORM

Actividad 18

Escucha cada descripción. Empareja el nombre de la persona con la foto que le corresponde. Una de las fotos no se usa.

 a. ______

 b. ______

 c. ______

 d. ______

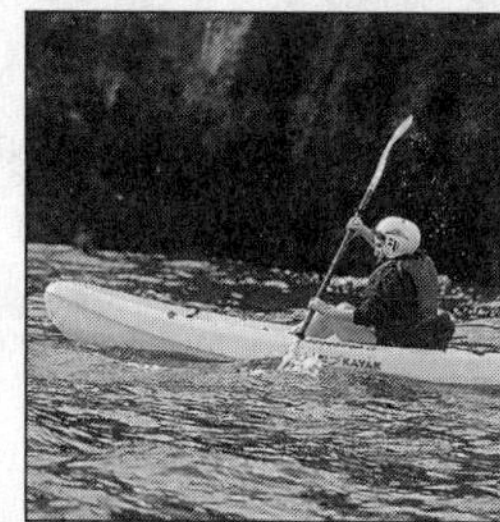 e. ______

_____ **1.** Francisco

_____ **2.** mi tío

_____ **3.** Gerardo

_____ **4.** mis vecinos

Actividad 27

Escucha lo que dicen las siguientes personas. Di si cada persona está hablando:
a) de sí mismo(a) *(him- or herself)*,
b) de sí mismo(a) y otra(s) persona(s)
c) de otra persona.

_____ **1.**

_____ **2.**

_____ **3.**

_____ **4.**

_____ **5.**

_____ **6.**

_____ **7.**

_____ **8.**

STUDENT RESPONSE FORM

Actividad 31

Escucha las oraciones y decide si cada cosa es algo que
a) pasó una vez en el pasado,
b) pasaba muchas veces en el pasado o
c) todavía pasa en el presente.

_____ 1.   _____ 5.

_____ 2.   _____ 6.

_____ 3.   _____ 7.

_____ 4.   _____ 8.

Repaso Actividad 6

Escucha la conversación entre Daniela y su abuela, doña Lola. Escribe sus nombres y
di qué actividades hacía cada una de niña.

<table>
<tr><td align="center">**Daniela**</td><td align="center">**doña Lola**</td></tr>
<tr><td>___________________________</td><td>___________________________</td></tr>
<tr><td>___________________________</td><td>___________________________</td></tr>
<tr><td>___________________________</td><td>___________________________</td></tr>
<tr><td>___________________________</td><td>___________________________</td></tr>
<tr><td>___________________________</td><td>___________________________</td></tr>
</table>

Integración Actividad 1

La señora Vargas describe cómo era su pueblo en aquel entonces y cómo es ahora.
Mira las fotos e indica si habla **a**) del pasado o **b**) del presente.

a.

b.

_____ 1.

_____ 2.

_____ 3.

_____ 4.

_____ 5.

_____ 6.

CAPÍTULO 7

Student Response Form

Actividad 2

Recomiéndale algo del siguiente menú a cada persona, según sus gustos.

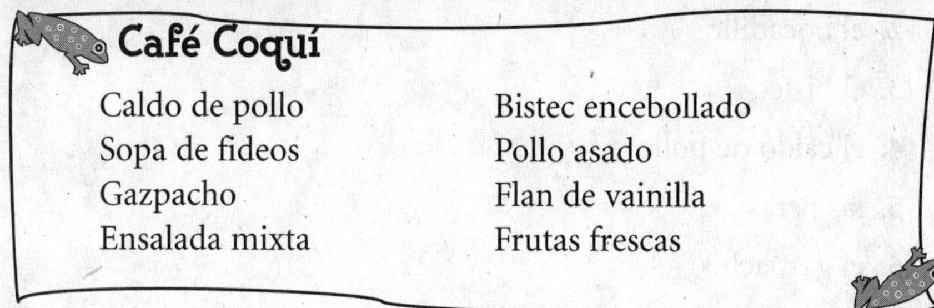

1. Pedro ____

2. Sofía ____

3. Gabriela ____

4. Mauricio ____

5. Hernán ____

6. Marta ____

STUDENT RESPONSE FORM

Actividad 4

Con base en cada comentario, indica si cada comida está **a) buena** o **b) mala.**

_____ **1.** las fresas

_____ **2.** el bocadillo

_____ **3.** el bistec

_____ **4.** el caldo de pollo

_____ **5.** las peras

_____ **6.** el gazpacho

STUDENT RESPONSE FORM

Actividad 19

Escucha un programa de radio sobre cocina. Luego contesta las preguntas.

1. ¿Qué está preparando doña Pepa?

____

2. ¿Cuáles son dos ingredientes de la receta?

____

3. ¿Por cuánto tiempo se cubren los mariscos?

____

4. ¿Cuánta sal le echa doña Pepa a los mariscos?

____

5. ¿Cómo se cocinan los mariscos?

____

Actividad 22

Mira el dibujo y decide si las oraciones son **ciertas** o **falsas.**

_______________ **1.**

_______________ **2.**

_______________ **3.**

_______________ **4.**

_______________ **5.**

_______________ **6.**

_______________ **7.**

STUDENT RESPONSE FORM

Actividad 30

Escucha mientras varias personas hablan de qué quieren comer o qué ingrediente necesitan. Escoge la foto que corresponde a lo que cada persona quiere o necesita.

 **1. a.**  **2. a.**  **3. a.** 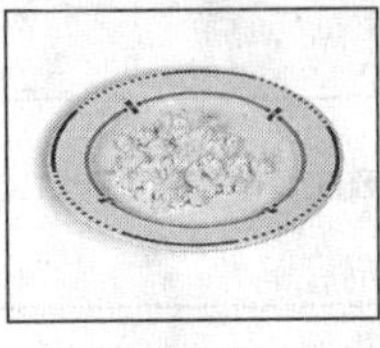 **4. a.** 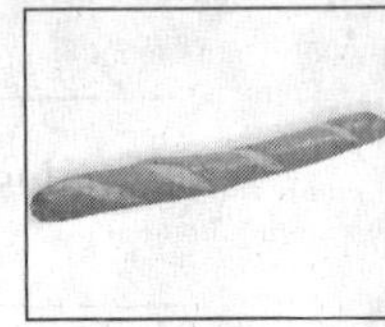 **5. a.**

 **1. b.**  **2. b.**  **3. b.** 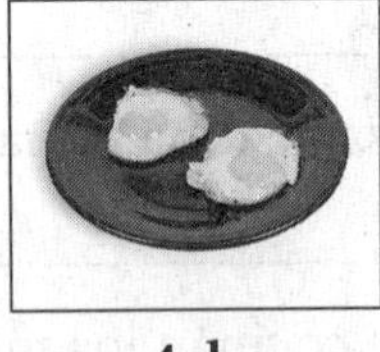 **4. b.** 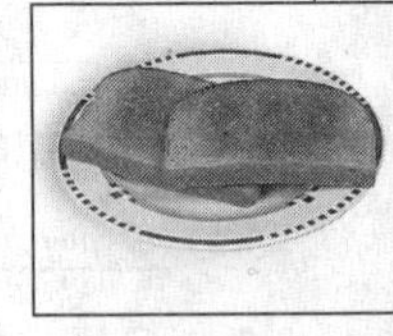 **5. b.**

_____ 1.   _____ 2.   _____ 3.   _____ 4.   _____ 5.

Repaso Actividad 6

Escucha a los estudiantes mientras describen sus rutinas diarias. Según lo que dicen, indica con números del 1 al 4 quién es el más sano *(the healthiest)* y el menos sano *(the least healthy)*.

_____ **1.** Edgardo

_____ **2.** Lorena

_____ **3.** Felipe

_____ **4.** Tomasina

Integración Actividad 1

Escucha las conversaciones entre la señora Zaragoza y sus nietos. Después escoge la foto que mejor corresponde a cada conversación.

 **a.** _____    **b.** _____    **c.** _____    **d.** _____

 40

Student Response Form

Actividad 1

Mira las fotos y escucha las conversaciones. Decide qué conversación le corresponde a cada foto.

a. ______   b. ______   c. ______   d. ______

STUDENT RESPONSE FORM

Actividad 14

Escucha las oraciones y decide si cada una describe a Felipe, a Óscar o a Javier.

Felipe

Óscar

Javier

_______________ 1.

_______________ 2.

_______________ 3.

_______________ 4.

_______________ 5.

_______________ 6.

_______________ 7.

STUDENT RESPONSE FORM

Actividad 19

Escucha la descripción de un lugar muy conocido en Santiago. Luego completa cada oración con la respuesta correcta.

_____ **1.** Los Graneros del Alba es ___.
    a. un mercado de artesanías
    b. un centro comercial

_____ **2.** Este lugar tiene más de 200 puestos donde puedes comprar artículos ___.
    a. de todas partes de Chile
    b. de todo el mundo

_____ **3.** Entre las joyas que se encuentran allí, hay ___.
    a. anillos y aretes de oro
    b. collares y cadenas de plata

_____ **4.** Si vas a los Graneros del Alba los fines de semana ___.
    a. puedes patinar sobre hielo
    b. puedes escuchar música y bailar

_____ **5.** Si tienes hambre, puedes ___.
    a. probar las empanadas que se venden allí
    b. ir al restaurante El Gallo que está al lado

Actividad 26

Escucha las conversaciones. Indica si la cosa que Rosa prefiere está **a)** cerca o **b)** lejos de ella.

_____ **1.**

_____ **2.**

_____ **3.**

_____ **4.**

_____ **5.**

_____ **6.**

_____ **7.**

_____ **8.**

STUDENT RESPONSE FORM

Repaso Actividad 6

Escucha la conversación e indica qué compró Teresa.

Integración Actividad 1

Mira las fotos y escucha las conversaciones. Decide qué conversación corresponde a cada foto.

a. _______

b. _______

c. _______

d. _______

Student Response Form

Actividad 2

Escucha mientras varias personas hablan del tiempo y de sus planes. Determina si sus ideas son **lógicas** o **ilógicas.**

_______________ 1.

_______________ 2.

_______________ 3.

_______________ 4.

_______________ 5.

Actividad 8

Escucha las siguientes oraciones y escoge la respuesta correcta.

_____ 1. **a.** Vieron menos osos el año pasado.
   b. Vieron menos osos este año.

_____ 2. **a.** La serpiente comió más hoy que ayer.
   b. La serpiente comió más ayer que hoy.

_____ 3. **a.** Las águilas volaron *(flew)* tanto como los buitres.
   b. Las águilas volaron *(flew)* menos que los buitres.

_____ 4. **a.** Había más niebla cerca del lago.
   b. Había tanta niebla cerca del lago como por el río.

_____ 5. **a.** Hubo menos turistas en las playas de Yucatán, México.
   b. Hubo menos turistas en las playas de Texas.

CAPÍTULO

9

STUDENT RESPONSE FORM

Actividad 17

Escucha las oraciones y decide si cada oración
a) empieza,
b) continúa o
c) termina un cuento.

_____ **1.**

_____ **2.**

_____ **3.**

_____ **4.**

_____ **5.**

_____ **6.**

_____ **7.**

_____ **8.**

STUDENT RESPONSE FORM

Actividad 23

Para cada pregunta, escoge la mejor respuesta.

a) Estará seco y hará bastante calor.

b) Espero que no sea un huracán.

c) Espero que la isla sea bonita.

d) Habrá muchos peces.

e) Estará en la playa.

_____ 1.

_____ 2.

_____ 3.

_____ 4.

_____ 5.

Actividad 33

Escoge la opción lógica según lo que oyes.

_____ 1. **a.** Habrá mucha niebla.　　　**b.** Hará calor.

_____ 2. **a.** Estará muy enfermo.　　　**b.** Querrá hacer ecoturismo.

_____ 3. **a.** Irán a la playa a bañarse.　　　**b.** Irán a las tiendas o al mercado.

_____ 4. **a.** Irán a la playa.　　　**b.** Irán a las montañas.

_____ 5. **a.** Estará buscando caracoles.　　　**b.** Estará explorando cuevas.

_____ 6. **a.** Los usará para observar la naturaleza.　　　**b.** Los usará para volar con ala delta.

STUDENT RESPONSE FORM

Repaso Actividad 6

Escucha las oraciones y decide si representan

a) lo que hicieron estas personas,
b) lo que harán estas personas o
c) lo que quieren que pase.

_____ **1.**

_____ **2.**

_____ **3.**

_____ **4.**

_____ **5.**

_____ **6.**

Integración Actividad 1

Mira las fotos y escucha las descripciones. Escoge la foto que corresponde a cada descripción.

a. _____

b. _____

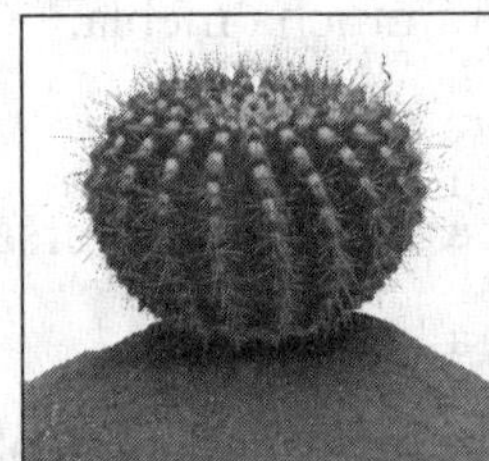

c. _____

d. _____

e. _____

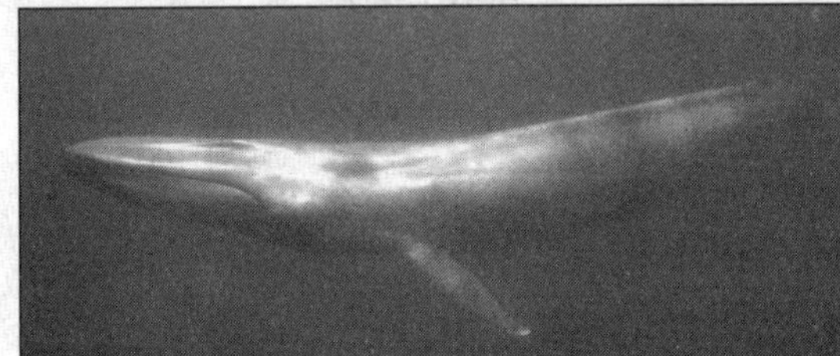

f. _____

      48

Student Response Form

CAPÍTULO
10

Actividad 1

Indica con quién habla la señora Paredes en cada conversación.

a) un botones
b) el agente de turismo
c) un recepcionista
d) un taxista
e) un farmacéutico
f) el cajero en la oficina de cambio

_____ 1.

_____ 2.

_____ 3.

_____ 4.

_____ 5.

_____ 6.

Holt Spanish 2

Lab Book

STUDENT RESPONSE FORM

Actividad 8

Escucha las preguntas y escoge la respuesta más lógica.

_____ **1.**

_____ **2.**

_____ **3.**

_____ **4.**

_____ **5.**

_____ **6.**

STUDENT RESPONSE FORM

Actividad 21

Escucha los comentarios e indica adónde fue la persona.

_____ 1.

_____ 2.

_____ 3.

_____ 4.

_____ 5.

> **a.** a una selva tropical
> **b.** a las aguas termales
> **c.** a un desierto
> **d.** a la costa
> **e.** al centro
> **f.** a un volcán

Actividad 34

Escucha la conversación e indica si trata de **a)** una persona que quiere hacer algo o **b)** una persona que quiere que otra persona haga algo.

_____ 1.

_____ 2.

_____ 3.

_____ 4.

_____ 5.

_____ 6.

STUDENT RESPONSE FORM

Repaso Actividad 6

Escucha las interacciones entre los turistas y di si hablan de algo
a) que ya ocurrió,
b) que está planeado o
c) que se recomienda.

_____ **1.**

_____ **2.**

_____ **3.**

_____ **4.**

_____ **5.**

Integración Actividad 1

Escucha las conversaciones y escoge la foto que le corresponde a cada una.

a. _____   b. _____   c. _____   d. _____

Video Activities

GeoVisión

Ciudad de México

ACTIVITY MASTER

<table>
<tr><td colspan="4">Supplemental Vocabulary</td></tr>
<tr><td>valle valley</td><td>imperio empire</td><td>chalupa boat</td><td>artesanías crafts</td></tr>
</table>

Pre-viewing

1 Look at the following buildings found in Mexico City. What do you think each building is? A church? A school? A museum? A theater? A palace? A library? Write your responses beneath the photos.

  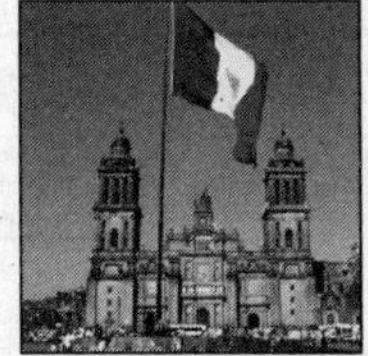

1. _________________   2. _________________   3. _________________

Post-viewing

2 Identify each photo in Activity 1. Write the name of each building in the space provided.

Catedral Metropolitana	**Museo Nacional de Antropología**
Palacio de Bellas Artes	**Universidad Autónoma Nacional de México**
Palacio Nacional	**Templo Mayor**

1. ____

2. ____

3. ____

3 Match each place on the left with the correct description on the right.

_____ **1.** Xochimilco   **a.** Es la universidad más grande de América Latina.

_____ **2.** Palacio Nacional   **b.** La Catedral Metropolitana está aquí.

_____ **3.** Zócalo   **c.** Fue el centro religioso del imperio azteca.

_____ **4.** Ciudad de México   **d.** Es una zona turística que tiene canales de agua.

_____ **5.** Templo Mayor   **e.** Es la capital de México.

_____ **6.** Catedral Metropolitana   **f.** El Presidente trabaja aquí.

_____ **7.** UNAM   **g.** Hernán Cortés empezó a construirla en 1524.

   55

ExpresaVisión 1

> **Supplemental Vocabulary**
> **novio** *boyfriend*

Pre-viewing

1 Write two sentences describing the ideal boyfriend or girlfriend. Include how the person looks and what he or she likes to do.

____

____

____

Post-viewing

2 What is Sofía's perfect boyfriend like? Complete each statement with the correct word or phrase.

_____ **1.** El novio perfecto de Sofía es un poco…
  a. bajo   **b.** alto   **c.** activo

_____ **2.** Tiene el pelo…
  a. moreno   **b.** pelirrojo   **c.** castaño

_____ **3.** Tiene los ojos…
  a. verdes   **b.** azules   **c.** de color café

_____ **4.** No es…
  a. gracioso   **b.** serio   **c.** extrovertido

_____ **5.** Le encanta…
  a. leer   **b.** jugar al ajedrez   **c.** jugar al tenis

_____ **6.** No está mal si le gusta…
  a. practicar deportes   **b.** correr   **c.** pasar el rato solo

_____ **7.** A él le debe gustar…
  a. ir de compras   **b.** jugar al ajedrez   **c.** ver la televisión

_____ **8.** A Sofía y a su novio les encantan. . .
  a. los videojuegos   **b.** las películas   **c.** los juegos de mesa

3 Which of the activities that Sofía mentions do you also like? Dislike?

____

____

____

     56

VideoCultura: Comparaciones

CAPÍTULO 1

ACTIVITY MASTER 2

Supplemental Vocabulary

idiomas *languages*	**consejos** *advice*	**cómodos** *at ease*
novia *girlfriend*	**fuerte** *strong*	**sin** *without*
ventaja *advantage*	**aconsejarías** *would you advise*	**esforzándose** *trying hard*

Pre-viewing

1 What languages are taught in your school? Why do you think it is important to learn a second language?

____

____

Post-viewing

2 Answer the following questions about the interviewees.

_____ **1.** ¿Por qué estudia Alejandro el portugués?
   a. Porque su novia es de Brasil.
   b. Porque hay mucho turismo en México.
   c. Porque necesita ese idioma para estar en su país.

_____ **2.** ¿Por qué dice Fabiola que es importante saber varios idiomas?
   a. Porque el español es un idioma muy importante.
   b. Porque abren las puertas para conseguir trabajo.
   c. Porque es bueno hablar con gente en su idioma.

_____ **3.** ¿Qué idiomas aprende Judith?
   a. el francés y el italiano
   b. el portugués y el francés
   c. el inglés como segundo idioma

_____ **4.** ¿Por qué estudia Judith esos idiomas?
   a. Porque estudia turismo.
   b. Porque son idiomas muy importantes.
   c. Porque le interesa aprender sobre estas culturas.

3 In the list below, check off the pieces of advice that the interviewees give you.

_____ Estudia mucho el español porque es un idioma muy importante.

_____ Aprende este idioma para que conozcas una nueva cultura.

_____ Vive con una familia mexicana para aprender el idioma bien.

_____ No te preocupes si no hablas con el acento perfecto.

ExpresaVisión 2

Pre-viewing

1 Write three chores you are normally asked to do at home.

____

____

2 Make a list of four things you can do when you vacation in a big city.

____

____

Post-viewing

3 Circle the phrases you wrote in Activities 1 and 2 that you hear in ExpresaVisión.

4 What does Sofía's mother say? Complete the sentences with the correct words from the box. Not all words are used.

refrigerador	olvides	Debes	hija	platos
Pasa	comida	sala	baños	Tenemos que

1. _____________ la aspiradora, _____________.

2. _____________ lavar los _____________.

3. No _____________ poner la _____________

en el _____________.

5 Identify each activity mentioned in ExpresaVisión. Write the correct phrase from the box beneath each photo.

pasear en crucero	conocer el centro	visitar un museo

  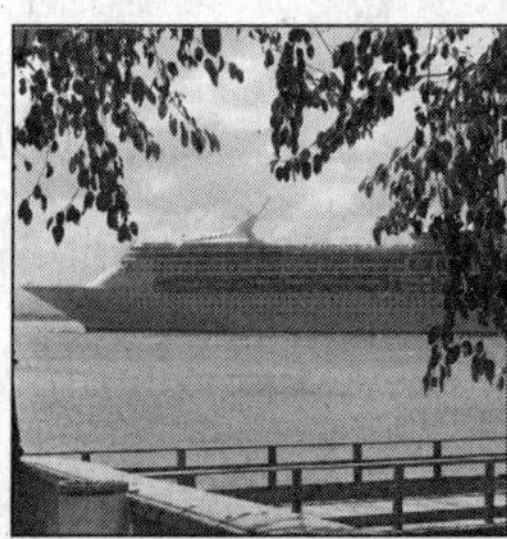

1. _____________

2. _____________

3. _____________

VideoNovela

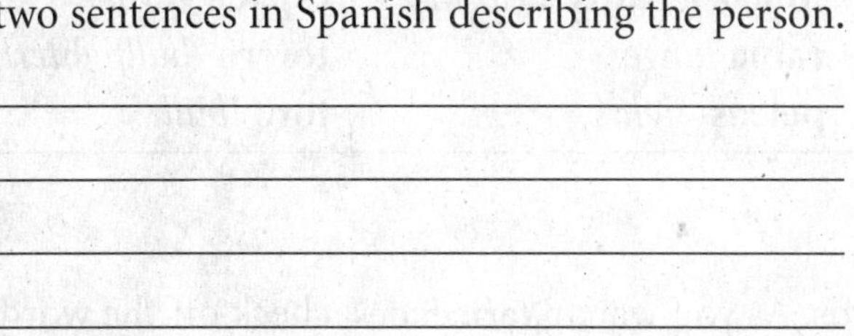

Supplemental Vocabulary

colega *colleague*   **ingeniero** *engineer*   **devolver** *to return*

Pre-viewing

1 Look at this photo from El relicarió. Write
two sentences in Spanish describing the person.

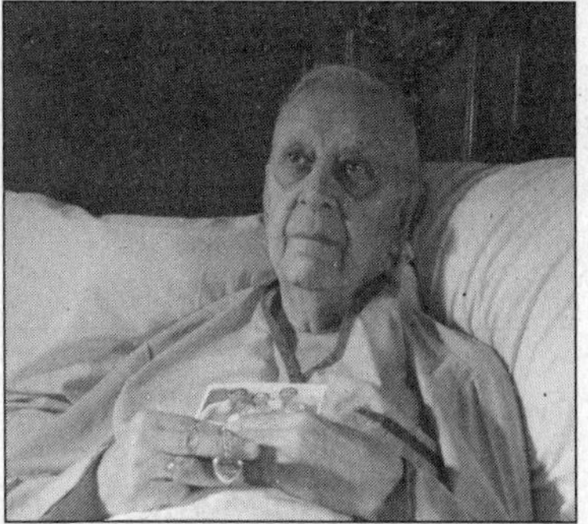

____

____

____

____

Post-viewing

2 What does Abuelo tell Victoria? Put the statements in the order Abuelo says them
in **El relicario, Episodio 1.**

_____ **a.** Tienes que buscar a mi viejo colega, Jorge Calderón.

_____ **b.** Ahora tengo que descansar.

_____ **c.** Te tengo que pedir un favor.

_____ **d.** Tienes que ir a la casa de Segovia.

_____ **e.** En mi escritorio tengo dos cartas.

3 Complete the following statements about **El relicario, Episodio 1.**

_____ **1.** Victoria es una muchacha de…
  a. San José   **b.** Madrid   **c.** Segovia

_____ **2.** El abuelo de Victoria está…
  a. enfermo   **b.** nervioso   **c.** en Costa Rica

_____ **3.** El colega del abuelo se llama…
  a. Jorge Gallegos   **b.** Jorge Calderón   **c.** Víctor Calderón

_____ **4.** El colega del abuelo vive en…
  a. San José   **b.** Madrid   **c.** Segovia

_____ **5.** El abuelo… la dirección de su colega.
  a. pidió   **b.** tiene   **c.** no tiene

 (59)

Variedades

Supplemental Vocabulary		
cuestión *matter*	**hielo** *ice*	**rey** *king*
actitud *attitude*	**golpes** *blows*	**esclavo** *slave*
cumple *carry out*	**atravezar** *to cross*	**espejo** *mirror*
deseo *wish*	**desierto** *desert*	**fracaso** *failure*
fuego *light*	**pozo** *well*	**oro** *gold*
desplazarse *to move through*	**muele a palos** *beat up*	**espada** *sword*
viento *wind*	**rabia** *anger*	**torero** *bullfighter*
taco aguja *spike heels*	**peleas** *fights*	**toro** *bull*

Pre-viewing

1 Read the following list of words. As you watch **Variedades,** check off the words that you hear.

_____ teléfono   _____ zoológico

_____ actitud   _____ perro

_____ tiempo   _____ bicicleta

_____ música   _____ amor

_____ hielo   _____ espejo

_____ miedo   _____ basura

_____ desierto   _____ oro

_____ bonito   _____ nunca

_____ rey   _____ museo

_____ amigos   _____ todo

Post-viewing

2 What does the song think is a matter of attitude? Complete the statements below from **Variedades** by writing the letter of the correct completion in the space provided.

_____ **1.** Entender lo que está escrito …   **a.** y tenerlo todo.

_____ **2.** Ir con taco aguja …   **b.** en el viento.

_____ **3.** Reírse del fracaso …   **c.** torero y toro.

_____ **4.** Recibir los golpes, …   **d.** y del oro.

_____ **5.** No tener nada …   **e.** en pista de hielo.

_____ **6.** Espada, capa, …   **f.** no tener miedo.

GeoVisión   Cuzco

Supplemental Vocabulary

hundir *to bury*	**cimientos** *foundations*	**talladas** *carved*	**empinadas** *steep*
ombligo *navel*	**piedra** *rock*	**estrechas** *narrow*	**rutas** *routes*

Pre-viewing

1 Look at this photo from Cuzco.
In the list below, check off all the
phrases that describe it accurately.

_____ **a.** calles estrechas

_____ **b.** centro comercial

_____ **c.** construcciones de piedra

_____ **d.** edificios modernos

_____ **e.** casas coloniales

_____ **f.** plantas tropicales

Post-viewing

2 Read the statements about Cuzco. Based on **GeoVisión**, mark each statement
a) **cierto** or b) **falso.**

_____ **1.** Cuzco es la capital del imperio azteca.

_____ **2.** Cuzco es la capital de Perú.

_____ **3.** Cuzco es un centro turístico importante.

_____ **4.** Se conoce Cuzco por sus universidades.

_____ **5.** Cuzco se consideró el "Ombligo del Mundo".

_____ **6.** Muchos edificios están construidos sobre ruinas incas.

_____ **7.** El Barrio de San Blas tiene calles estrechas y empinadas.

_____ **8.** La Plaza de Armas está en Machu Picchu.

_____ **9.** El parque arqueológico más conocido y espectacular es Machu Picchu.

3 Write a sentence describing the image in **GeoVisión** that impressed you the most.

____

____

____

____

ExpresaVisión 1

ACTIVITY MASTER 1

Pre-viewing

1 Rate the following job occupations from most interesting to least interesting (1= most interesting; 5= least interesting). Compare your list with those of two or three classmates.

_____ cook   _____ mechanic   _____ hair dresser   _____ driver   _____ dentist

Post-viewing

2 In the list below, check off the occupations that Romina mentions.

_____ cocinera   _____ ingeniera

_____ secretaria   _____ carpintera

_____ mecánica   _____ conductora

_____ peluquera   _____ enfermera

_____ abogada   _____ dentista

3 What does Romina think about the following activities? Next to each one, write **sí** if she finds it interesting; if not, write **no.**

_____ saber arreglar carros   _____ cortar pelo

_____ preparar comida   _____ dedicarse a conducir

_____ ser dentista

4 What profession does Romina think is perfect for her? Do you agree with her? How do her opinions compare with your ratings in Activity 1?

____

____

____

____

____

____

    (62)

VideoCultura: Comparaciones

CAPÍTULO 2

ACTIVITY MASTER 2

Supplemental Vocabulary

cirugía *surgery*	**tránsito** *traffic*	**mercadeo** *marketing*
facultad *college*	**ingirieron** *consumed*	**atendiendo** *assisting*
alegría *happiness*	**abarrotes** *groceries*	**trato** *treatment*

Pre-viewing

1 For each person below, write a sentence describing what you think he or she likes about the job.

Plastic surgeon: ____

____

Paramedic: ____

____

Merchant: ____

____

Post-viewing

2 Read the following statements and decide to which of the three interviewees it refers. Write the letter of the correct person next to each statement.

_____ **1.** Se levanta a las seis y media de la mañana.

_____ **2.** Empieza a trabajar a las seis de la mañana.

_____ **3.** Estudió ocho años de medicina y cinco años de cirugía plástica.

_____ **4.** Lo que más le gusta de su trabajo es ayudar a su comunidad.

_____ **5.** Aprendió matemáticas y relaciones públicas para hacer su trabajo.

_____ **6.** Lo que más le gusta de su trabajo es conocer a nuevas personas.

_____ **7.** Lo que menos le gusta de su trabajo es el estrés.

_____ **8.** Empieza el día revisando el equipo y los vehículos.

_____ **9.** No le gusta cuando hay accidentes con niños.

> **a. David**
> **b. Nelson**
> **c. Mariana**

3 What do all three interviewees like the most about their professions? Mark the correct response.

_____ ayudar a las personas   _____ el dinero   _____ la reputación

　　63

CAPÍTULO 

ExpresaVisión 2

ACTIVITY MASTER 3

Pre-viewing

1 For each room below, write three words for furniture and appliances that you would expect to find there.

Living room: ____

Kitchen: ____

Bathroom: ____

Bedroom: ____

Post-viewing

2 How many of the words on your list from Activity 1 did Romina use? Check off the words you heard in ExpresaVisión.

3 Match each group of words that Romina mentions with the room in the house where they are found.

______ **1.** estufa, fregadero, refrigerador   **a.** la sala

______ **2.** inodoro, lavabo   **b.** la cocina

______ **3.** muebles, sillón, cuadro   **c.** el baño

______ **4.** mesita de noche, cama, televisor   **d.** la habitación

4 Identify each labeled object in the following photo.

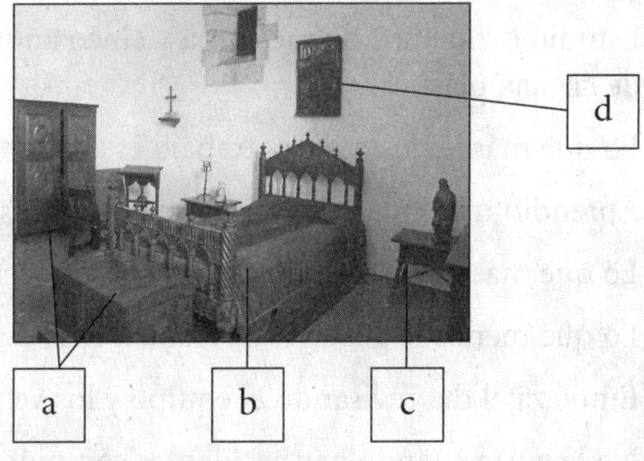

a. ____

b. ____

c. ____

d. ____

VideoNovela

Supplemental Vocabulary			
me puso *made me*	**obras** *works*	**echar de menos** *to miss*	**reportaje** *report*
tuvo *had*	**disfrutó** *enjoyed*	**equivocado** *mistaken*	**quizás** *perhaps*

Pre-viewing

1 What favor did Victoria's grandfather ask her to do?

____

____

Post-viewing

2 Put the following sentences in the order that they occur in **El relicario, Episodio** 2.

_____ **a.** Victoria quiere ir a la casa de Segovia.

_____ **b.** El funeral del abuelo le puso a Victoria triste.

_____ **c.** Jorge Calderón es muy joven.

_____ **d.** Jorge Calderón está en la Universidad.

_____ **e.** Victoria busca los números de teléfono de Jorge Calderón.

_____ **f.** El señor Calderón está en Perú.

3 Who says what? Write the number of the statement beneath the photo of the person who says it.

a. Es periodista. Está en Lima, Perú haciendo un reportaje.
b. Sí, habla Jorge Calderón.
c. Él fue un arquitecto que construyó grandes obras.
d. ¿Usted es una compañera de la universidad?

_____   _____   _____   _____

4 Where will the next episode take place? What do you think Victoria will do there?

____

____

 (65)

Variedades

CAPÍTULO **2**

ACTIVITY MASTER 5

Supplemental Vocabulary

burrita *little donkey*	**huelen** *smell*	**componiendo** *composing*
grabación *filming*	**carretera** *road*	**grabándolas** *recording them*
abrochar *to tie*	**girita** *small tour*	**beso** *kiss*
canción *song*	**intentarlo** *to try it*	

---

1 Write three questions you would ask your favorite singer after the release of a new album.

____

____

____

____

____

2 Complete the following statements about **Variedades.**

_____ 1. Lisa es una…

    a. amiga   **b.** burrita   **c.** canción

_____ 2. Los temas de las canciones…

    a. se escuchan   **b.** se huelen   **c.** se entienden

_____ 3. A Pau le gusta mucho el momento íntimo de…

    a. la grabación   **b.** la composición   **c.** la entrevista

_____ 4. Van a dar conciertos en Europa, Brasil y…

    a. Japón   **b.** Argentina   **c.** Estados Unidos

_____ 5. Tienen planes de hacer una girita de…

    a. 5 conciertos   **b.** 20 conciertos   **c.** 10 a 15 conciertos

_____ 6. Pau piensa que va a ser … para Jarabe.

    a. difícil vender discos   **b.** un buen año   **c.** un año aburrido

_____ 7. Pau espera que nos guste…

    a. el disco   **b.** la burrita   **c.** Brasil

  66

GeoVisión

Santo Domingo

ACTIVITY MASTER

Supplemental Vocabulary

sur *south*	**antiguo** *ancient*	**cubre** *covers*
divertirse *to have fun*	**muestras** *examples*	**orquídeas** *orchids*
rostros *faces*	**extranjeros** *foreign*	**tiburones** *sharks*
libertad *freedom*	**mezcla** *blend*	

Pre-viewing

1 In the list below, check off the things you expect to see in **GeoVisión.**

_____ playas blancas   _____ casas coloniales   _____ iglesias

_____ montañas altas   _____ edificios modernos   _____ museos

_____ lagos   _____ ruinas   _____ teatros

_____ parques   _____ avenidas grandes   _____ mercados

Post-viewing

2 Match each activity you can do in Santo Domingo with the best place to do it.

_____ **1.** ver orquídeas nativas   **a.** El Malecón

_____ **2.** reunirse con amigos   **b.** calle El Conde

_____ **3.** ver arte precolombino   **c.** Teatro Nacional

_____ **4.** ver manatíes   **d.** Museo del Hombre Dominicano

_____ **5.** escuchar artistas locales   **e.** Jardín Botánico

_____ **6.** ir de compras   **f.** Acuario Nacional

3 Read the following statements about Santo Domingo. Based on what Julio said, mark each statement **a) cierto** or **b) falso.**

_____ **1.** Santo Domingo es una ciudad pequeña en el centro del país.

_____ **2.** El Obelisco Macho es símbolo de la libertad.

_____ **3.** El Alcázar de Colón es hoy un museo.

_____ **4.** La Catedral Primada de América fue construida al estilo modernista.

_____ **5.** El Teatro Nacional está en la Plaza de la Cultura.

_____ **6.** El Jardín Botánico tiene muchas especies de orquídeas.

_____ **7.** En el Museo del Hombre Dominicano se pueden ver tiburones.

    (67)

ExpresaVisión 1

Pre-viewing

1 Make a list of six specialty stores found in your neighborhood.

____

____

____

Post-viewing

2 Check off the places that are shown in ExpresaVisión.

_____ la comisaría _____ la estación de bomberos

_____ el ayuntamiento _____ el cementerio

_____ la estación de tren _____ la biblioteca

_____ el banco _____ el monumento

3 Complete the following sentence according to what Julio says in **ExpresaVisión.**

Para comprar _______________, vamos a la carnicería; para comprar

_______________, a la pescadería; _______________, a la

frutería; _______________; a la floristería.

4 Identify each photo by writing the letter of the description in the space provided. Not all letters are used.

> **a. una tienda de comestibles** **d. una plaza**
> **b. una estación de bomberos** **e. el ayuntamiento**
> **c. el mercado**

1. _____ 2. _____ 3. _____

(68)

VideoCultura: Comparaciones

CAPÍTULO **3**

ACTIVITY MASTER 2

Supplemental Vocabulary			
estreno *new release*	**pelota** *ball*	**platica** *chat*	**ocio** *recreation*
compartir *to share*	**ladrillo** *brick*	**tranquilo** *quiet*	**se divierte** *one has fun*

Pre-viewing

1 Where do people in your neighborhood get together with friends?

____

____

Post-viewing

2 Did any of the interviewees mention the place(s) you wrote in Pre-viewing? Explain.

____

____

3 The following statements are false. Rewrite them to make them true according to what is said in **Comparaciones**.

1. En el barrio de Gabriel hay muchos apartamentos.

____

____

2. Las tiendas pequeñas son más comunes en Santo Domingo.

____

____

3. Pablo vive en una ciudad grande cerca de Madrid.

____

4. En Santo Domingo, se va a las plazas a jugar básquetbol.

____

____

5. Las personas en Coyoacán se reúnen en los centros recreativos.

____

____

6. En el barrio de María Luisa hay muchos parques.

____

____

 (69)

ExpresaVisión 2

CAPÍTULO 3

ACTIVITY MASTER 3

Supplemental Vocabulary

refleja *reflects*   **época** *time*   **peces** *fish*   **vida vegetal** *plant life*   **árboles** *trees*

Pre-viewing

1 You will hear the following cognates in **ExpresaVisión.** Next to the Spanish word, write the corresponding English word.

avenue	cathedral	decade	emergency	marine	port	traffic

1. catedral _______________________

2. década _______________________

3. emergencia _______________________

4. puerto _______________________

5. marina _______________________

6. avenida _______________________

7. tráfico _______________________

Post-viewing

2 Complete the sentences with the words from the box. Not all the words are used.

acuario	autopista	catedral	estacionamiento
hospital	puerto	zona peatonal	zona verde

1. La _______________________ Santa María la Menor fue construida en la década 1540.

2. Santo Domingo fue un _______________________ importante para los españoles en la época colonial.

3. El Jardín Botánico es una _______________________ impresionante.

4. El Conde es una _______________________ .

5. Es difícil encontrar _______________________ en la Zona Colonial.

6. Si quieres viajar a otras ciudades, debes subir a la _______________________ .

VideoNovela

Supplemental Vocabulary

de hecho *in fact*	**diarios** *diaries*	**supe** *I knew*
rosquilla *ring-shaped pastry*	**pensamientos** *thoughts*	**iba a ser** *would be*
huéspedes *guests*	**raro** *strange*	**amor** *love*
estudio *study room*	**letra** *handwriting*	**vida** *life*
represa *dam*		

1 Look at this photo from **El relicario, Episodio 3.** Who are the characters? Where do you think they are? What do you think they are holding?

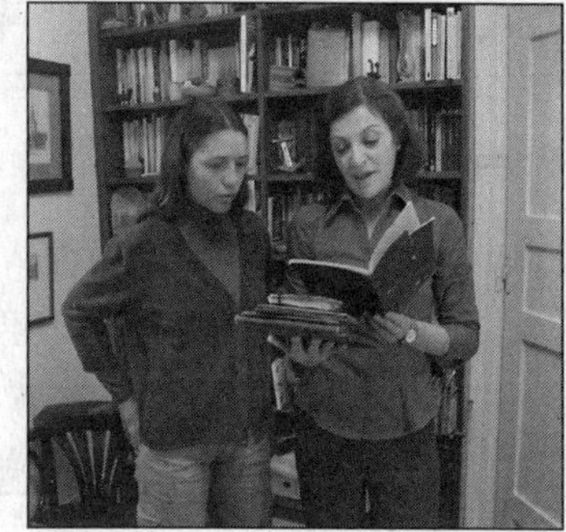

____

____

____

Post-viewing

2 Complete each statement about **El relicario, Episodio 3** with the correct word or phrase.

_____ 1. Victoria y su tía llegan a Segovia en _____ .
    a. carro   **b.** autobús   **c.** tren

_____ 2. Después de la carnicería, Victoria y su tía pasan por una _____.
    a. pastelería   **b.** floristería   **c.** frutería

_____ 3. Victoria ve _____ de Jorge Calderón.
    a. una carta   **b.** una foto   **c.** un libro

_____ 4. Jorge Calderón y el abuelo de Victoria _____ una represa en Costa Rica.
    a. construyeron   **b.** vieron   **c.** sacaron una foto de

_____ 5. El abuelo de Victoria le gustaba mucho _____.
    a. sacar fotos   **b.** ir a la pastelería   **c.** escribir

_____ 6. Victoria encuentra las dos cartas _____.
    a. en un diario   **b.** debajo de la foto   **c.** encima del escritorio

_____ 7. Victoria lee sobre el día que el abuelo _____.
    a. conoció a Graciela   **b.** conoció a Jorge   **c.** terminó la represa

3 Write two facts about Jorge Calderón that you have learned in this episode.

____

____

     (71)

Variedades

Supplemental Vocabulary		
zarpazo *thud*	**dímelo** *tell me*	**me nubló** *affected me*
corazón *heart*	**clemencia** *mercy*	**burla** *joke*
disimulo *I pretend*	**duda** *doubt*	**ternura** *tenderness*
delator *betrayer*	**cariño** *dear*	**suplicarte** *to beg you*
trocitos *pieces*	**rencor** *resentment*	**guiño** *wink*
sospecha *suspicion*	**sigilio** *secrecy*	**beso** *kiss*
siglas *symbols*	**huella** *trace*	**cita** *date*

Pre-viewing

1 Look at the following words that appear in **Variedades.** Check off the theme to which the words belong.

corazón	cariño	ternura	beso	cita

____ **a.** el trabajo   ____ **b.** el amor   **c.** la ciudad

Post-viewing

2 Write the letter of the correct response.

____ **1.** ¿Qué pregunta el cantante *(singer)*?
  a. ¿Por qué me escribes?
  b. ¿Me quieres o no ?
  c. ¿Quién pudo ser?

____ **2.** ¿Cuántas siglas de papel hay?
  a. siete
  b. diez
  c. quince

____ **3.** ¿Qué dice las siglas de papel?
  a. Te quiero.
  b. Bunbury.
  c. Confiesa.

____ **4.** ¿A quién habla el cantante?
  a. A sus fans.
  b. A una mujer.
  c. A las personas que bailan.

GeoVisión   **Miami**

Supplemental Vocabulary

eje *axis*	**éxito** *success*	**cesta** *basket*
clima *weather*	**negocios** *businesses*	**pelota de goma** *rubber ball*
establecieron *established*	**corazón** *heart*	

Pre-viewing

1 What is Miami famous for? Check off the response you think is right.

Miami es famosa por…

_____ **a.** su comida mexicana.

_____ **b.** las misiones españolas.

_____ **c.** ser una capital latinoamericana en Estados Unidos.

Post-viewing

2 Go back to Activity 1 and circle the correct response. In a small group, discuss why it is true.

3 Put the following events in Miami's history in the correct order.

_____ **a.** Muchos cubanos vinieron en 1959.

_____ **b.** Los tequestas vivían en la región.

_____ **c.** Empezaron a llegar hispanos de casi todos los países.

_____ **d.** Los españoles establecieron una misión.

_____ **e.** Miami es un centro de comercio muy importante.

4 Complete the following sentences about Miami with the phrases from the box.

Art Deco	**Calle Ocho**	**Jai alai**	**Key Biscayne**
La Pequeña Habana		**Los Jardines Vizcaya**	

1. _____________________ es un barrio cubano.

2. En marzo, mucha gente se reúne en _____________________ para celebrar la cultura cubana.

3. _____________________ es un parque magnífico.

4. Se conoce el districto _____________________ por su arquitectura.

5. Más al sur se encuentra _____________________.

6. _____________________ es un deporte que viene de España.

CAPÍTULO 4

ExpresaVisión 1

ACTIVITY MASTER 1

Supplemental Vocabulary
felicitaciones *congratulations*   **qué pena** *what a shame*   **orgulloso** *proud*

Pre-viewing

1 Write three phrases in English that you would use to describe how a competition or an event turned out.

1. ____

2. ____

3. ____

Post-viewing

2 In the list below, check off the phrases that the students in **ExpresaVisión** use to describe the results of the competitions.

_____ Todo estuvo buenísimo.   _____ Ganamos por 3 a 0.

_____ No nos fue muy bien.   _____ Me fue fatal.

_____ Fue todo un fracaso.   _____ Más o menos.

_____ Qué bueno.   _____ Me encanta el fútbol.

_____ Estuvo increíble.   _____ Fue todo un éxito.

3 Go back to Activity 1 and write the Spanish equivalent next to each English phrase you wrote.

4 Match each person in the photos with the competitive activity he or she does.

a. el atletismo   **b. la banda escolar**   **c. la lucha libre**

_______   _______   _______

VideoCultura: Comparaciones

ACTIVITY MASTER 2

Supplemental Vocabulary

baloncesto *basketball*   **liga** *league*   **condado** *county*

Pre-viewing

1 Match each question with the most logical response.

______ **1.** ¿Cuáles son algunos deportes populares?

______ **2.** ¿Qué deportes practicas tú?

______ **3.** ¿Hay competencias?

______ **4.** ¿Cómo salió el último partido?

a. Yo practico el béisbol.

b. Mi equipo perdió cinco a siete.

c. Sí, hay el campeonato estatal y el campeonato nacional.

d. El básquetbol y el béisbol son populares aquí.

Post-viewing

2 In the list below, check off the sports that are mentioned in the interviews.

______ el fútbol americano   ______ el fútbol

______ el volibol   ______ la lucha libre

______ el baloncesto   ______ el atletismo

______ el béisbol   ______ la natación

3 Complete the following paragraph according to what Danny says.

Los deportes que yo practico son ___________________, béisbol y el

___________________ . En cada deporte, hay una ___________________

anual. Es muy grande y tiene ___________________ de todas partes

del estado. El último ___________________ de fútbol

___________________ el campeonato del estado por tres a uno.

4 Answer the questions in Activity 1 as if they were addressed to you.

1. ____

2. ____

3. ____

4. ____

Holt Spanish 2   Lab Book

ExpresaVisión 2

Pre-viewing

1 List five parts of the body you would want to learn the names in Spanish in order to tell the school nurse what hurts.

____

____

____

Post-viewing

2 Check off the expression that the school nurse in **ExpresaVisión** uses to ask the students what happened to them.

______ ¿Cómo te fue?

______ ¿Qué te pasó?

______ ¿Qué tal estuvo?

3 Match the student in the photo with the part of the body that hurts. Not all the letters are used.

a. la garganta	**c. el hombro**	**e. el labio**
b. las piernas	**d. la rodilla**	**f. el tobillo**

1. ______   2. ______   3. ______   4. ______

4 What advice does the school nurse give to each student pictured in Activity 3? Write the number of the photo next to the corresponding piece of advice.

______ **a.** Debes tomar aspirina y ponerte hielo.

______ **b.** No tengo jarabe, pero pregúntales a tus padres.

______ **c.** Debes tener más cuidado. Por ahora, véndate el tobillo.

______ **d.** Debes ponerte ungüento.

VideoNovela

Supplemental Vocabulary

recuerdo *I remember*	**anotas** *jot down*	**represa** *dam*
quizás *perhaps*	**equivocado** *wrong*	**disponible** *available*
llamada *telephone call*	**fallece** *dies*	**obra** *work*
quitarte el tiempo *take up your time*	**domicilio** *home*	

Pre-viewing

1 In this episode, Victoria makes another phone call. How do you think she explains whom she is looking and why? Write three sentences with what you think she says.

____

____

____

Post-viewing

2 Read the following statements that the characters say. Put them in the order in which they are said in **El relicario, Episodio 4.**

_____ **a.** Espera, Victoria, ¿por qué no anotas mi e-mail?

_____ **b.** Fallece importante arquitecto español.

_____ **c.** Ya hablé contigo. Perdóname.

_____ **d.** ¿Te voy a comprar unas aspirinas?

_____ **e.** Busco a un viejo amigo de mis abuelos.

3 Read the statements about **El relicario, Episodio 4.** Mark each one **a) cierto** or **b) falso.**

_____ **1.** El abuelo de Jorge se llama Jorge Calderón.

_____ **2.** Jorge quiere ayudar a Victoria.

_____ **3.** Victoria le da a Jorge su e-mail.

_____ **4.** La abuela de Victoria era costarricense.

_____ **5.** Jorge lee sobre el abuelo de Victoria en el periódico.

Variedades

ACTIVITY MASTER 5

Supplemental Vocabulary

pegar *to rocket up the charts* **corazones** *hearts* **estrellas** *stars*
endeudado *in debt* **quepa** *fit* **rumbear** *to go out on the town*
canciones *songs*

Pre-viewing

1 What would you do with a million dollars?

____

____

2 Look at the words that appear in **Variedades.** Match the words that rhyme.

_____ 1. canciones	**a.** millón
_____ 2. Sevilla	**b.** Callao
_____ 3. televisión	**c.** corazones
_____ 4. Curaçao	**d.** Renta
_____ 5. cuenta	**e.** Barranquilla

Post-viewing

3 Check off the world cities mentioned in **Variedades.**

_____ Miami	_____ Barcelona
_____ San Antonio	_____ Callao
_____ San Juan	_____ Managua
_____ Buenos Aires	_____ Panamá
_____ Barranquilla	_____ Guayaquil
_____ Sevilla	_____ Santo Domingo
_____ Nueva York	_____ La Habana
_____ París	_____ Tijuana
_____ Kabul	_____ Salvador
_____ Curaçao	_____ Madrid

4 Why do the singers want to win a million dollars? Check off the correct response.

_____ **a.** para comprar una casa grande

_____ **b.** para viajar a muchos países

_____ **c.** para ser famoso y popular

GeoVisión

San José

ACTIVITY MASTER

Supplemental Vocabulary

rodeado *surrounded*	**fortín** *small fort*	**penitenciaría** *prison*
batalla *battle*	**guerra** *war*	**fachada** *façade*
agujas *needles*	**ejército** *army*	**recorrido** *tour*

Pre-viewing

1 Write a list of five buildings you expect to see in a capital city.

____

____

Post-viewing

2 In the list below, check off the things that were shown in **GeoVisión**.

_____ acuario	_____ plazas	_____ museos
_____ parques	_____ puerto	_____ mercados
_____ monumentos	_____ universidad	_____ teatros
_____ ruinas de templos	_____ ayuntamiento	_____ fábricas
_____ biblioteca	_____ hotel	_____ catedral

3 Read the statements below. Next to each one, write the letter of the place that best fits the description.

a. Avenida Central	**d. Monumento Nacional**	**f. Parque Central**
b. Edificio Metálico	**e. Museo de Arte**	**g. Teatro Nacional**
c. La Sabana	**Costarricense**	

_____ **1.** Representa los países centroamericanos combatiendo contra William Walker.

_____ **2.** Es la obra arquitectónica más importante de San José.

_____ **3.** Está en un edificio que antes fue el aeropuerto internacional.

_____ **4.** Está cerca del Teatro Popular Melico Salazar y la Catedral Metropolitana.

_____ **5.** Es el corazón de San José: donde hay muchas tiendas y oficinas.

_____ **6.** Fue diseñado en Bélgica y hoy es una escuela muy vieja.

_____ **7.** Es un parque donde mucha gente hace deporte.

---

 (79)

ExpresaVisión 1

CAPÍTULO 5

ACTIVITY MASTER 1

Pre-viewing

1 Write three things you do before leaving your home.

____

____

____

Post-viewing

2 Put a check mark next to the sentence(s) you wrote in Pre-viewing that Jorge's mother also mentions.

3 Write the letter of the correct response in the space provided.

_____ **1.** What does the mother say to Jorge to hurry him?
   a. Jorge, date prisa.
   b. ¿Trajiste las llaves?
   c. Va a llover.

_____ **2.** How does Jorge respond when his mother calls him?
   a. Tranquila, ma.
   b. Sí, ya voy, mamá.
   c. No te preocupes.

_____ **3.** What is Jorge doing when he comes out?
   a. Está dando de comer al perro.
   b. Está cerrando la puerta.
   c. Está peinándose.

_____ **4.** How does the mother ask Jorge if he remembered to turn off the lights?
   a. ¿Trajiste las llaves?
   b. ¿Te acordaste de apagar las luces?
   c. ¿Vas a cerrar la puerta con llave?

_____ **5.** What does Jorge forget to do?
   a. Ponerse los zapatos.
   b. Traer el paraguas.
   c. Cerrar la puerta con llave.

VideoCultura: Comparaciones

CAPÍTULO

5

ACTIVITY MASTER 2

Supplemental Vocabulary

citas *dates*
matrimonio *wedding*

té de canastillas *baby shower*
elegir *to choose*

Pre-viewing

1 Answer **sí** or **no** to the following questions.

1. ¿Te das prisa para llegar a tiempo a las fiestas? _______________

2. Si recibes una invitación para una fiesta que empieza a las ocho, ¿llegas a las ocho en punto? _______________

3. ¿Es normal llegar una hora después de que empieza una fiesta?

____

4. ¿Se debe llegar a la hora indicada a una graduación? _______________

Post-viewing

2 Decide to whom the statements below refer. Next to each one, write the letter of the correct answer.

---

a. Franchesca   **b. Enrique**   **c. todos**   **d. ninguno**

_____ **1.** Se da prisa para ir a una fiesta.

_____ **2.** No se da prisa para ir a una fiesta.

_____ **3.** Si la invitación para una fiesta es a las ocho, llega entre las ocho y las ocho y media.

_____ **4.** Si la invitación para una fiesta es a las ocho, llega a las nueve o a las diez.

_____ **5.** Llega una hora después de que empieza una boda.

_____ **6.** Piensa que es normal llegar tarde a una fiesta de amigos.

_____ **7.** Piensa que se debe llegar a la hora indicada a las ocasiones formales.

3 In small groups, discuss your answers to Pre-viewing. How do your answers compare with your classmates' and with those given by the interviewees? Write two sentences summarizing your view and the interviewees' views on punctuality.

____

____

____

ExpresaVisión 2

Pre-viewing

1 In the space below, list some words you would want to learn in order to talk about your favorite pastimes in Spanish.

____

____

Post-viewing

2 In the list below, check off the expressions that Jorge uses in **ExpresaVisión** to express interest and disinterest.

_____ ¡Qué pesado!   _____ Me parece un rollo.

_____ ¡Qué interesante!   _____ Me encantan los crucigramas.

_____ Me da lo mismo.   _____ ¡Qué aburrido!

_____ No me llama la atención.   _____ Estoy loco por tejer.

3 Identify the pastimes labeled in the photo.

a. escribir poemas	b. hacer crucigramas	c. jugar naipes	d. tejer

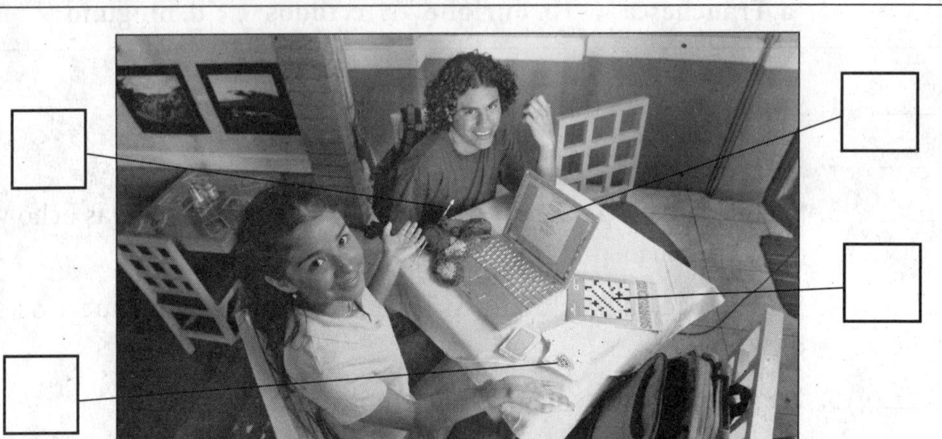

4 Which of the pastimes shown in the photo does Jorge find the most interesting? Which one do you find the most interesting? And the least interesting?

____

____

VideoNovela

CAPÍTULO 5

ACTIVITY MASTER 4

Supplemental Vocabulary

intentando *trying*	**devolverle** *to give him back*	**tal vez** *perhaps*
madrina *godmother*	**revelar** *to reveal*	**prensa** *press*
sin embargo *nevertheless*	**oferta** *offer*	**apuntar** *to write*
de veras *really*	**pista** *clue*	**esposa** *wife*

Pre-viewing

1 Look at this photo from **El relicario, Episodio 5.** To whom do you think Jorge is talking? What do you think she tells him? Write your responses on a separate sheet of paper.

Post-viewing

2 What do you learn in **El relicario, Episodio 5** about the lady in the photo? Mark each statement **a) cierto** or **b) falso.**

_____ **1.** Fue la mejor amiga de la abuela de Victoria.

_____ **2.** Es la hermana de Jorge Calderón.

_____ **3.** Es la madrina de la tía de Victoria.

_____ **4.** Sabe quién es Jorge Calderón.

_____ **5.** Sabe la dirección de Jorge Calderón.

_____ **6.** Escribió un artículo de periódico sobre Jorge Calderón.

_____ **7.** Nunca vio el relicario.

3 Write the letter of the person next to the statement that he or she makes.

a. Victoria	**b. la tía de Victoria**	**c. Jorge**	**d. Consuelo**	**e. Diana**

_____ **1.** Consuelo era la mejor amiga de mamá y es mi madrina.

_____ **2.** Graciela perdió el contacto con Jorge desde que llegó a Segovia.

_____ **3.** Escríbeme si encuentras información sobre el ingeniero Calderón.

_____ **4.** Pensé que usted podría tener la dirección o el número de teléfono del ingeniero.

_____ **5.** Sí hablé con la hermana, pero la señora no me quiso dar mucha información.

---

 (83)

Variedades

Supplemental Vocabulary

palabra *word*	**gira** *spin*	**engaña** *deceives*	**viento** *wind*
acaba *end*	**detiene** *stop*	**beso** *kiss*	**ladra** *barks*
despacio *slowly*	**coge** *take*	**dura** *lasta*	**curioso** *odd*
enciende *turn on*	**odia** *hate*	**sueño** *dream*	
atrapa *catch*	**calla** *silence*	**sopla** *blows*	

Pre-viewing

1 Look at the words that appear in **Variedades.** Match each word with its opposite meaning.

_____ 1. empieza   **a.** quiere

_____ 2. despacio   **b.** apaga

_____ 3. enciende   **c.** acaba

_____ 4. compra   **d.** escucha

_____ 5. odia   **e.** vende

_____ 6. habla   **f.** deprisa

Post-Viewing

2 Complete the following verses from **Variedades** with the words from the box. Not all the words are used.

elemento	**paraguas**	**perro**	**riendo**	**tardando**	**viento**

El tiempo sopla cuando sopla el ___________________.

El tiempo ladra cuando ladra el ___________________.

El tiempo ríe si tú estás ___________________.

Curioso ___________________ el tiempo.

3 You be the songwriter! Complete the following verses with your own opinions.

El tiempo es una palabra que ___________________.

El tiempo no se ___________________ ni se ___________________ ni

se ___________________.

Hay tiempo para ___________________, para ___________________ y

para ___________________.

GeoVisión   Segovia

Supplemental Vocabulary

noroeste *northwest*	**fortaleza** *fort*	**cochinillo** *piglet*
belleza *beauty*	**Edad Media** *Middle Ages*	**partirlo** *to cut it*
siglo *century*	**reyes** *kings*	**tiran** *throw* **suelo** *floor*

Pre-viewing

1 Look at the following buildings found in Segovia. What do you think each building is? Beneath each photo, write **una catedral, una iglesia,** or **un museo.**

1. _______________ 2. _______________ 3. _______________

Post-viewing

2 Identify each photo in Activity 1. Write the name of each building in the space provided. Then put a check mark next to the one that is a museum today.

---

el Alcázar   la Casa de la Moneda   la Catedral
la Iglesia de Veracruz   el Real Sitio de la Granja

---

1. ____

2. ____

3. ____

3 Mark each statement below **a) cierto** or **b) falso.**

_____ **1.** Segovia es una ciudad grande.

_____ **2.** Los romanos construyeron el acueducto de Segovia.

_____ **3.** Hay muchas iglesias románicas en Segovia.

_____ **4.** La Casa de la Moneda es un edificio industrial muy viejo.

_____ **5.** El Real Sitio de la Granja fue construido por un poeta.

Holt Spanish 2   Lab Book

ExprésaVisión 1

Pre-viewing

1 Make a list of four activities children do for fun.

____

____

____

Post-viewing

2 Put a check mark next to the activities you wrote in Pre-viewing that are mentioned in **ExpresaVisión.**

3 Identify the activities in the photos. Write the correct letter in the space provided. Not all letters are used.

> **a. jugar a las damas**   **b. pelear**   **c. jugar con los bloques**
> **d. saltar a la cuerda**   **e. echar una carrera**

      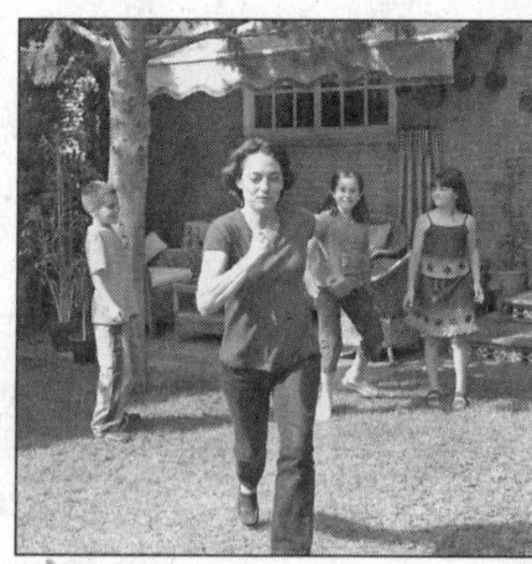

1. ____   2. ____   3. ____

4 Complete the following comments that the mother in **ExpresaVisión** makes. Write the letter of the correct completion in the space provided.

____ **1.** A mí de niña me gustaba mucho…

____ **2.** Sólo hay un animal de…

____ **3.** Ya basta, niños,…

____ **4.** Me fascinaba saltar a la cuerda y…

____ **5.** Vamos a correr desde…

a. solía cantar esta canción.

b. jugar a las damas.

c. este árbol hasta aquel árbol.

d. peluche. Tenéis que compartirlo.

e. dejad de pelear.

VideoCultura: Comparaciones

CAPÍTULO 

ACTIVITY MASTER 2

Supplemental Vocabulary

recuerdos *memories*	**goma** *elastic band (Chinese rope)*	**bolas** *marbles*
niñez *childhood*	**pelota** *ball*	**familiares** *relatives*
comba *skipping rope*	**tiraran** *would pull*	**bromas** *jokes*

Pre-viewing

1 ¿Cómo eras cuando tenías diez años? ¿Qué hacías para divertirte?

____

____

____

Post-viewing

2 In the list below, check off what Pablo, Mercedes, and Jeremy did for fun as kids.

_____ saltar a la comba   _____ jugar fútbol

_____ jugar con muñecas   _____ hacer travesuras

_____ montar en bicicleta   _____ salir al cine

_____ echar carreras   _____ dormir en casa de familiares

3 Write the letter of the person(s) to whom the statement refers.

a. Mercedes	b. Pablo	c. Jeremy	d. Mercedes y Pablo

_____ **1.** Era(n) tímido(s) en la escuela.

_____ **2.** Era(n) una(s) persona(s) alegre(s) y extrovertida(s).

_____ **3.** Le gustaba(n) mucho montar en bicicleta.

_____ **4.** Se llevaba(n) bien con todos los chicos del barrio.

_____ **5.** Algunos niños le(n) caían peor que otros.

_____ **6.** Le encantaba(n) cantar en la ducha.

_____ **7.** Le fastidiaba(n) cuando no le(s) dejaban salir a jugar.

4 Which interviewee is more similar to you? Explain.

____

____

____

Holt Spanish 2   Lab Book

ExpresaVisión 2

Supplemental Vocabulary		
cumpliste *turned*	**unidas** *close*	**vida** *life*
regañaba *scolded*	**cambia** *changes*	

Pre-viewing

1 The girl in the photo is Victoria's cousin when she was little. What two adjectives would you use to describe her? Do you think Victoria used to get along with her?

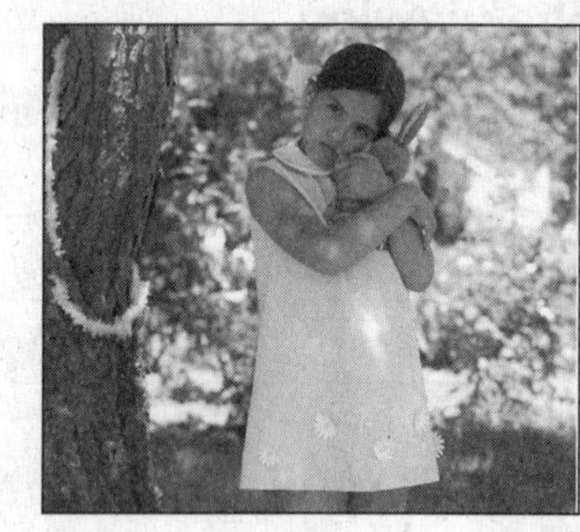

____

____

____

Post-viewing

2 Complete the following dialog from **ExpresaVisión** with the words from the box. Not all the words are used.

chismosa	**consentida**	**egoísta**	**entonces**	**fastidiaba**
	fascinaba	**llevabas**	**traviesa**	**unidas**

MAMÁ: Tú no te _________________ bien con ella

_________________ .

VICTORIA: Es que ella era _________________ y

_________________ . Me _________________ pasar el

rato con ella. Pero ahora estamos muy _________________ .

3 Complete the sentences with the words from the box, based on **ExpresaVisión**.

chismosa	**chistoso**	**estricta**	**juguetón**	**obediente**	**travieso**

1. El tío Juan José era muy _________________ .

2. La tía Elena era muy _________________ .

3. La abuela Luisa era _________________ .

4. El primo Roberto era muy _________________ .

5. Victoria era muy _________________ .

6. El tío Marcos era muy _________________ con su hija.

Video Novela

Supplemental Vocabulary		
novia *girlfriend*	**anciano** *old man*	**prometí** *promised*
ni siquiera *not even*	**se enamoró** *fell in love*	**averiguaste** *found out*
he visto *have seen*	**cursi** *having bad taste*	**bruto** *dumb* **trozo** *passage*

Pre-viewing

1 Jorge has written an e-mail to Victoria. Imagine what the e-mail says and write it in the space below. Make sure to include what he found out from the reporter.

Post-viewing

2 Mark each statement **a) cierto** or **b) falso** based on what happens in **El relicario, Episodio 6.**

______ **1.** El e-mail de Jorge dice que encontró el número de teléfono de la hermana del ingeniero Calderón.

______ **2.** Victoria le escribió una carta a Jorge diciendo que quiere ser su novia.

______ **3.** Victoria piensa que lo más importante es encontrar al amigo de su abuelo.

______ **4.** Jorge dice que Victoria es una muchacha muy bonita.

______ **5.** Jorge quiere ayudar a Victoria porque es su novia.

______ **6.** Jorge tiene el número de teléfono de la hermana de Victoria.

______ **7.** Victoria se siente triste cuando lee los diarios de su abuelo.

______ **8.** El abuelo de Victoria se sintió mal cuando perdió contacto con su amigo.

______ **9.** Jorge y Victoria saben por qué Alberto Gallegos y Jorge Calderón perdieron el contacto.

Variedades

Supplemental Vocabulary		
esperanzas *hopes*	**resulté** *I ended up*	**desnuda** *nude*

Pre-viewing

1 ¿Cuál era tu juguete más divertido cuando eras pequeño(a)?

____

____

Post-viewing

2 Check off the names of the toys that are mentioned in **Variedades.**

_____ carritos   _____ animales de peluche

_____ casitas   _____ yoyos

_____ muñecos   _____ Barbies®

3 Complete the following statements according to what the people in **Variedades** say.

_____ 1. El juguete más divertido que he tenido era un juego de…
     a. damas   **b.** carritos   **c.** construir casitas

_____ 2. Mi juguete más divertido cuando era pequeño era toda la serie de…
     a. muñecos Akira Cero   **b.** láminas   **c.** dibujos animados

---

GeoVisión

San Juan

ACTIVITY MASTER

Supplemental Vocabulary

noreste *northeast*	**proteger** *to protect*	**rodea** *surrounds*
bello *beautiful*	**mar** *sea*	**alcaldía** *mayorship*
siglo *century*	**bahía** *bay*	**aún** *still*
antigua *old*	**chiringas** *kites*	**adoquines** *cobblestones*
fuerte *fort*		

Pre-viewing

1 Work in a small group and come up with a list of things you associate with San Juan, Puerto Rico, and the Caribbean.

Post-viewing

2 Identify each photo below. Not all the words in the box are used.

> **el capitolio**   **la Casa Alcaldía**   **la catedral**   **Isla Verde**
> **El Morro**   **Plaza del Quinto Centenario**

1. ______________________   2. ______________________   3. ______________________

3 Read the following statements about San Juan. Mark each one **a) cierto** or **b) falso,** based on **GeoVisión.**

______ **1.** Fue fundado por Cristóbal Colón.

______ **2.** Es la segunda ciudad más antigua de las Américas.

______ **3.** Tiene dos fuertes: El Morro y San Cristóbal.

______ **4.** Su catedral es la más moderna de América.

______ **5.** Es el segundo puerto más grande de este lado de las Américas.

______ **6.** Isla Verde tiene las oficinas de los senadores y los representantes.

4 What would you say in a travel brochure about San Juan, Puerto Rico? On a separate piece of paper, write a paragraph convincing travelers to visit San Juan.

Holt Spanish 2   Lab Book

CAPÍTULO 7

ExpresaVisión 1

ACTIVITY MASTER 1

Pre-viewing

1 You will hear the following phrases in **ExpresaVisión.** Where do you think they would appear on a menu? Next to each one, write **soup, main dish, dessert,** or **drink.**

1. flan de vainilla: _________________________________

2. sopa de fideos: _________________________________

3. agua mineral: _________________________________

4. pollo al horno: _________________________________

Post-viewing

2 Complete the menu from **ExpresaVisión.** Write the items in the box under the appropriate headings.

agua mineral	**bistec encebollado**	**café**	**caldo de pollo**
flan de vainilla	**mariscos** **piña**	**plátano**	**pollo al horno**
	sopa de fideos		

MENÚ

SOPAS

____

____

PLATOS PRINCIPALES

____

____

____

POSTRES

____

____

____

BEBIDAS

____

____

3 What does Julia say? Complete the following statements by writing the letter of the correct completion in the space provided.

_____ 1. El mesero ya me trajo…   **a.** habichuelas.

_____ 2. Me recomendó…   **b.** el café.

_____ 3. El bistec y el pollo vienen con… **c.** el menú.

_____ 4. Los mariscos, en Puerto Rico, son… **d.** muy ricos.

_____ 5. A mí me gusta…   **e.** la propina.

_____ 6. No me gusta…   **f.** el flan de vainilla.

_____ 7. Y yo dejo…   **g.** el plato del día.

  92

VideoCultura: Comparaciones

ACTIVITY MASTER 2

Supplemental Vocabulary

coco *coconut*	**presa de gallina** *piece of chicken*	**chorizo** *sausage*
canela *cinnamon*	**caucáu** *spicy stew made from a cow's stomach*	**pernil** *leg of pork*
sofríe *fry lightly*	**huevera de pescado** *fish roe*	**cochino** *pork*
sangre *blood*	**cochayuyo** *seaweed*	**envuelves** *wrap*
cui *guinea pig*	**rodaja** *slice*	

Pre-viewing

1 ¿Qué fiesta especial se celebra en tu comunidad? ¿Qué comida(s) se prepara para esa ocasión?

____

____

____

Post-viewing

2 Write the letter of the correct response in the space provided.

_____ **1.** En Puerto Rico celebran _____ .
    a. Cinco de Mayo   **b.** Nochebuena   **c.** Hanukah

_____ **2.** Tembleque es _____ .
    a. una bebida   **b.** un postre   **c.** una sopa

_____ **3.** El tembleque se prepara con _____ .
    a. cui   **b.** arroz   **c.** leche

_____ **4.** Para hacer arroz con gandules, primero se sofríe ajíes, pimiento y _____ .
    a. coco   **b.** canela   **c.** cebolla

_____ **5.** Géynar es de _____ .
    a. Cuzco   **b.** San Juan   **c.** Santo Domingo

_____ **6.** La fiesta más importante de allí es _____ .
    a. Navidad   **b.** Corpus Cristi   **c.** Año Nuevo

_____ **7.** En esa fiesta se come _____ .
    a. arroz con gandules   **b.** arroz con leche   **c.** chiriuchu

_____ **8.** Esa comida es a base de _____ .
    a. arroz   **b.** cui   **c.** especias

_____ **9.** En Venezuela, la comida típica de Nochebuena es _____ .
    a. la hallaca   **b.** el pan dulce   **c.** el cochino

_____ **10.** La preparación de este plato puede tomar _____ .
    a. cinco horas   **b.** dos días   **c.** un mes

   93

ExpresaVisión 2

CAPÍTULO
7

ACTIVITY MASTER 3

Pre-viewing

1 The following sentences appear in **ExpresaVisión.** Complete each one with the most logical word from the box.

bebidas	dieta	especias	fácil	refrigerador

1. ¿Llevas una _______________ balanceada?

2. ¿Le echas mucha azúcar a los cereales y a las _______________ ?

3. ¿Qué hay en el _______________ ?

4. Para darle sabor a la comida, le puedes echar _______________ .

5. Llevar una dieta saludable es _______________ .

Post-viewing

2 Did you complete Activity 1 correctly? Make any necessary changes.

3 In the list below, check off the foods that Julia mentions in **ExpresaVisión.**

_____ la sal   _____ habichuelas

_____ el vinagre   _____ mostaza

_____ el café   _____ ajo

_____ el azúcar   _____ cebolla

_____ mayonesa   _____ lechuga

_____ salsa de tomate   _____ ají

_____ mantequilla   _____ leche

_____ huevos   _____ pimienta

4 What does Julia tell Nicolás? Complete each statement by writing the letter of the correct completion in the space provided.

_____ 1. Tienes que evitar…   **a.** muchísima grasa.

_____ 2. La mayonesa y la mantequilla llevan…   **b.** la sal y el azúcar.

_____ 3. No siempre tienes que freír…   **c.** el pollo.

_____ 4. Puedes hornear…   **d.** las comidas.

  94

VideoNovela

Supplemental Vocabulary

falleció *passed away* **antoja** *feel like eating* **carambola** *a yellow, tropical fruit*
convencerla *convince her* **fresco** *fresh juice* **confiar** *to trust*

Pre-viewing

1 Look at the following photos from **El relicario, Episodio 7.** For each one, imagine what the woman in the scene is saying. Write it down on a separate piece of paper.

Post-viewing

2 Who says the following lines? Write the letter of the corresponding person in the space provided.

---

a. Sonia   **b. Jorge**   **c. Ramiro**   **d. Mamá de Jorge**

_____ **1.** Necesito la dirección de su hermano.

_____ **2.** Hice chuletas de cerdo hoy y tengo arroz con pollo de ayer.

_____ **3.** No nos busque más, ¿está bien?

_____ **4.** Ya le dije cuando llamó que no quería hablar con usted.

_____ **5.** Él tenía unas cosas que quería devolverle al ingeniero.

_____ **6.** Pero ella es la única persona que conocés que te pueda ayudar.

_____ **7.** Tengo instrucciones estrictas de mi hermano.

_____ **8.** ¿No te quiso dar ninguna información?

_____ **9.** Me diste una idea.

Variedades

Supplemental Vocabulary		
muza *mozarella cheese*	**plancha** *grill*	**exquisito** *delicious*
panceta *bacon*	**lomo** *sirloin*	

Pre-viewing

1 ¿Cómo preparas tu sándwich favorito?

____

____

____

____

____

Post-viewing

2 Check off the ingredients of **el chivito.**

_____ tomate   _____ mostaza

_____ cebolla   _____ pollo

_____ lechuga   _____ lomo

_____ jamón   _____ mayonesa

_____ panceta   _____ zanahoria

3 **a.** ¿Cómo se llama la mayonesa? _______________________

b. ¿Cómo es su sabor? _______________________

4 Work in a small group to compose a song on how to prepare your favorite sandwich. Be prepared to present it in front of the class.

GeoVisión

Santiago

Supplemental Vocabulary

valle *valley*	**época** *time*	**vehicular** *traffic*
río *river*	**residencia** *residence*	**soportas** *stand*
sede *seat*	**golpe de estado** *coup d'état*	**vista** *view*
fundó *founded*	**bellos** *beautiful*	**cerro** *hill*

Pre-viewing

1 What is a taco for you? Do you think it means the same for Chileans?

____

____

Post-viewing

2 What does **taco** refer to in Santiago?

____

3 Write the letter of the correct response in the space provided.

______ **1.** ¿Dónde está Santiago?
    a. Está en el valle central de Chile cerca del río Mapocho.
    b. Está al oeste de la capital chilena cerca del océano Pacífico.
    c. Está en la costa sur del país cerca de San Cristóbal.

______ **2.** ¿Quién fundó Santiago?
    a. Cristóbal Colón
    b. Pedro de Valdivia
    c. Bernardo O'Higgins

______ **3.** ¿Qué es hoy la Estación de Mapocho?
    a. Es una estación de metro.
    b. Es una estación de trenes.
    c. Es un centro cultural.

______ **4.** ¿Dónde está la oficina del presidente chileno?
    a. Está en el Barrio Bellavista.
    b. Está en el Cerro San Cristóbal.
    c. Está en el Palacio de la Moneda.

______ **5.** ¿Qué es la Alameda?
    a. Es la avenida principal de Santiago.
    b. Es un museo del poeta Pablo Neruda.
    c. Es un barrio con casas coloridas.

ExpresaVisión 1

Pre-viewing

1 Look at this photo from ExpresaVisión. What words do you need to learn in Spanish in order to describe how the clothes fit Octavio?

____

____

____

____

Post-viewing

2 Check off the articles of clothing that Clara has bought.

_____ un vestido	_____ unos guantes
_____ unos pantalones	_____ un cinturón
_____ una corbata	_____ una falda
_____ una bufanda	_____ un saco

3 Complete the following dialog from ExpresaVisión with the words from the box. Not all the words are used.

ancha	apretado	cambiarlos	cobrarlos	corbata	descuento
flojos	guantes	juego	pantalones	saco	tienda	traje	vestido

OCTAVIO: Los ________________ están ________________ .

La ________________ es muy ________________ .

El ________________ está ________________ .

Y además, los pantalones no hacen ________________ con el saco.

CLARA: Pero todo estaba con ________________ . Entonces, volvamos

a la ________________ para ________________ .

4 Why did Clara buy the clothing? Why is Octavio upset?

____

____

____

____

VideoCultura: Comparaciones

CAPÍTULO

8

ACTIVITY MASTER 2

Supplemental Vocabulary		
cómoda *comfortable*	**taco** *heel*	**talle baja** *low-riding*
pulerón *pullover*	**elijo** *I choose*	**campanas** *bell bottoms*
suelto *loose-fitting*	**justa** *tight*	**guayabos** *attractive*
zapatillas *tennis shoes*		

Pre-viewing

1 In the chart below, put a check mark next to the clothing you would wear for each occasion. You may check one column, both columns, or neither column.

	todos los días	una fiesta
pantalones		
camiseta		
zapatos de tenis		
zapatos con taco alto		
vestido		
camisa		
falda		

Post-viewing

2 In the list below, check off the words that the interviewees use to describe the clothes they wear to go to a party.

______ una falda   ______ más bonito que lo normal

______ elegante   ______ ropa cómoda

______ de moda   ______ taco

______ pantalones anchos   ______ ropa apretada

3 Check off the clothing item that all three interviewees like to wear every day.

______ **a.** pantalones   ______ **b.** falda   ______ **c.** blusa   ______ **d.** zapatos de tenis

4 Check off the person who buys clothes that are in fashion.

______ **a.** Vanessa   ______ **b.** Larias   ______ **c.** Almodena

5 Check off the reason why other two buy the clothes they like.

______ **a.** para estar a la   ______ **b.** para estar   ______ **c.** para estar
       moda   elegante   cómoda

   99

ExpresaVisión 2

> ### Supplemental Vocabulary
> **atender** *to assist* **lapislázuli** *lapis lazuli (a blue stone)* **fíjese** *look* **ya** *all right*

Pre-viewing

1 The following dialog appears in **ExpresaVisión.** Read it and put it in the most logical order.

______ **a.** ¿Treinta y cinco?

______ **b.** ¿Me puede rebajar el precio un poco?

______ **c.** ¿Cuánto valen estos collares?

______ **d.** Bueno, se lo dejo en treinta y siete mil pesos.

______ **e.** Ya, está bien.

______ **f.** Le voy a hacer un precio especial: cuarenta mil pesos.

______ **g.** Se lo regalo por treinta y seis mil pesos y ésa es mi última oferta.

Post-viewing

2 Read again the dialog in Activity 1 and make any necessary corrections.

3 Complete the sentences with the words from the box, according to what is said in **ExpresaVisión.**

> **cadena   collar   mantel   oferta   piedra   rebajar   regalo   surtido**

1. Clara está buscando un _______________________ para su madre.

2. La tienda tiene un gran _______________________ de regalos.

3. Clara no quiere comprar un _______________________ para la mesa.

4. Clara compra un _______________________ para su madre.

5. La _______________________ es de plata y la _______________________ es lapislázuli.

6. Clara le pregunta a la dependiente si le puede _______________________ el precio del collar.

7. La última _______________________ de la dependiente es treinta y seis mil pesos.

 (100)

VideoNovela

Supplemental Vocabulary

convencer *to convince*	**se lo ruego** *I beg you*	**se hubiera casado** *would have gotten married*
entregarle *to give him*	**aclarar** *to explain*	
comprometida *engaged*	**culpa** *fault*	**perdonarme** *to forgive me*

Pre-viewing

1 Put the following events of **El relicario** in chronological order.

_____ **1.** Victoria llama al Jorge Calderón equivocado.

_____ **2.** Jorge lee en el periódico un artículo sobre el arquitecto Gallegos.

_____ **3.** Sonia no quiere darle a Jorge la dirección de su hermano.

_____ **4.** El abuelo de Victoria quiere devolverle unas cosas a Jorge Calderón.

_____ **5.** Victoria le pregunta a su amiga qué pudo separar a su abuelo y el ingeniero.

_____ **6.** El abuelo de Victoria muere.

_____ **7.** La reportera le da a Jorge el número de teléfono de Sonia.

Post-viewing

2 Match each photo from **El relicario, Episodio 8** with the line of dialog that corresponds to it.

a.　　　　　　　b.　　　　　　　c.　　　　　　　d.

_____ **1.** Jorge me dio el relicario. Yo tenía que dárselo a Graciela por él.

_____ **2.** Pero dice que necesita algo especial para convencer a la hermana que le dé la dirección.

_____ **3.** Ahora su hermano puede entender lo que pasó.

_____ **4.** Cuando fui a entregárselo, ya era muy tarde.

3 On a separate piece of paper, write a letter to Mr. Calderón explaining what happened to his locket.

---

 (101)

Variedades

CAPÍTULO 8

ACTIVITY MASTER 5

Supplemental Vocabulary		
muestra *shows*	**callitos** *corns*	**gama** *variety*
peinado *hairdo*	**cómoda** *comfortable*	**gratis** *free of charge*
insoportable *unbearabe*	**pilas** *lots*	**colgante** *chain*
únicas *only*	**elegir** *to choose*	**lanzamiento** *promotion*

Pre-viewing

1 Why would you buy a new pair of shoes? Check off the reasons below.

_____ Para tener los pies calientes. _____ Porque son baratos.

_____ Para estar cómodo(a). _____ Porque son de cuero.

_____ Para tener más amigos. _____ Para recibir un regalo de la zapatería.

Post-viewing

2 Complete the following statements according to the first commercial in Variedades.

_____ **1.** El anuncio es para sandalias…
  a. Paddock **b.** Cuero **c.** Amigas

_____ **2.** Las dos chicas usan…
  a. la misma ropa **b.** el mismo champú **c.** sandalias Paddock

_____ **3.** Las dos chicas…
  a. se quieren mucho **b.** no se quieren **c.** son hermanas

_____ **4.** El lema *(slogan)* del anuncio es: En la calle…
  a. te quedan bien **b.** tus únicas amigas **c.** qué bien la pasas

3 Mark each statement below **a) cierto** or **b) falso,** according to the second commercial in **Variedades.**

_____ **1.** Los zapatos y botitas Paddock son de cuero.

_____ **2.** Las botitas Paddock son calientes.

_____ **3.** La colección Paddock es para el verano.

_____ **4.** Vas a querer dormir con los zapatos Paddock.

_____ **5.** Paddock son para las personas que quieren estar solos.

_____ **6.** Si compras Paddock, vas a tener muchas invitaciones para salir.

_____ **7.** Los zapatos Paddock cuestan trescientos veintinueve pesos.

_____ **8.** Si compras un par de zapatos, recibes gratis un par de botas.

 (102)

GeoVisión

El Paso

ACTIVITY MASTER

Supplemental Vocabulary

oeste *west*	**puentes** *bridges*	**Alemania** *Germany*
río *river*	**sureño** *southern*	**refugiados** *refugees*
esposa *wife*	**vistas** *views*	**atajo** *shortcut*
tercios *thirds*	**fuerza aérea** *air force*	**estrella** *star*

Pre-viewing

1 Read the following statements and check off those that you think refer to El Paso.

______ **1.** Fue fundado por Ponce de León.

______ **2.** Se encuentra en el punto más oeste del estado.

______ **3.** La Ciudad de Juárez está cerca.

______ **4.** Tiene un puerto muy grande.

______ **5.** Fue construida alrededor de las montañas Franklin.

______ **6.** El Jardín Botánico tiene muchas variedades de plantas tropicales.

Post-viewing

2 Go back to Activity 1 and make any necessary corrections.

3 Identify the following names. Next to each one, write the letter of the correct description.

______ **1.** Don Juan de Oñate

______ **2.** Río Bravo del Norte

______ **3.** Bután

______ **4.** Fort Bliss

______ **5.** Misión Ysleta

______ **6.** Union Depot

______ **7.** Franklin

______ **8.** UTEP

a. Separa El Paso y Ciudad Juárez.

b. Fue fundada en 1682 por los indígenas.

c. Dos tercios de sus estudiantes son méxico-americanos.

d. En 1598, llamó la región El Paso del Norte.

e. Desde estas montañas, se puede ver la ciudad.

f. Ahí se encuentra una escuela militar alemana.

g. Este districto está en el centro de la ciudad.

h. El estilo de la arquitectura de UTEP es de este país.

4 Work in a small group to write a brief paragraph describing El Paso, Texas.

ExpresaVisión 1

Pre-viewing

1 Make a list of words you would like to learn in Spanish in order to talk about plants and animals that live in the desert.

____

____

____

Post-viewing

2 How many of the words you listed in Pre-viewing did Héctor mention? Put a check mark next to the words you hear in **ExpresaVisión.**

3 Complete the following sentences according to what Héctor says in ExpresaVisión. Not all the words in the box are used.

arena	**desierto**	**montañas**	**serpiente**
coyote	**flores**	**piedras**	

El Paso está en el _______________ y cerca de las _______________.

Hay mucha _______________ y _______________ también. Aquí

también hay _______________ amarillas.

4 Identify each photo by writing the letter of the correct animal in the space provided.

a. un búho	**c. una serpiente**
b. un buitre	**d. un lobo**

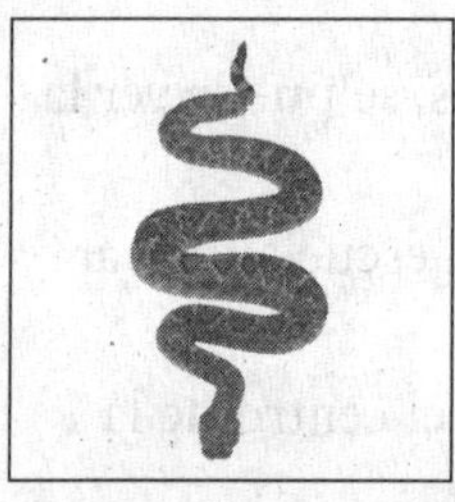   

1. _____ 2. _____ 3. _____ 4. _____

VideoCultura: Comparaciones

ACTIVITY MASTER 2

Supplemental Vocabulary

paisaje *landscape*	**aves** *birds*	**siniestro** *catastrophe*
rocosos *rocky*	**caluroso** *hot*	**botadas** *fallen*
arbustos *shrubs*	**ventoso** *windy*	**selvas** *jungles*
salvias *sages*	**frutícola** *fruit-growing*	**guacamayas** *macaws*
palmeras *palm trees*	**pudú** *a kind of deer*	**changos** *small monkeys*
correcaminos *roadrunners*	**chinchilla** *a kind of rodent*	**monos** *monkeys*
liebre *hare*	**güemul** *Andean deer*	**víboras** *poisonous snakes*

Pre-viewing

1 Write two sentences describing the landscape and the weather where you live.

____

____

____

Post-viewing

2 Which region does each sentence describe? Write the letter of the corresponding place in the space provided.

a. El Paso	b. Chile	c. México

_____ **1.** Hay muchos lugares rocosos, muchos arbustos y cactus.

_____ **2.** En el sur hay muchas selvas con monos y serpientes.

_____ **3.** En la zona sur cultivan muchas frutas.

_____ **4.** El cóndor y el güemul habitan el país.

_____ **5.** En esta región habita el correcaminos, un tipo de pájaro.

_____ **6.** El clima no es estable: un día hace mucho calor y al otro hace viento.

_____ **7.** El clima es tropical.

_____ **8.** En 1985 hubo un gran terremoto en donde murieron 30.000 personas.

_____ **9.** Hay terremotos pero no hay tornados o huracanes.

_____ **10.** No hay terremotos, tornados o huracanes.

3 Compare the region in which you live with either El Paso, Mexico, or Chile.

____

____

____

Holt Spanish 2   Lab Book

CAPÍTULO

ExpresaVisión 2

9

ACTIVITY MASTER 3

Pre-viewing

1 Make a list of words you would like to learn in Spanish in order to talk about the things you see and do at the beach.

____

____

____

Post-viewing

2 Check off the words you listed in Pre-viewing that Héctor mentions in **ExpresaVisión.**

3 Identify the labeled objects in the photo below. Not all the letters are used.

a. la arena	**c. el balón de playa**	**e. las gafas de sol**
b. la linterna	**d. la crema protectora**	**f. el caracol**

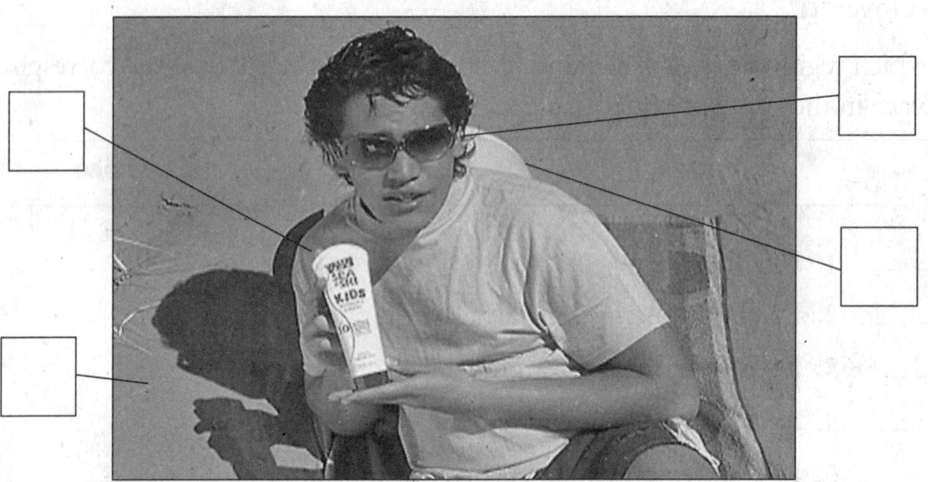

4 Complete the following statements from **ExpresaVisión** by writing the letter of the correct completion in the space provided.

_____ **1.** A mí me encanta ir…   **a.** bucear.

_____ **2.** A mí me gusta caminar…   **b.** al mar.

_____ **3.** Siempre llevo mis…   **c.** peces.

_____ **4.** En el mar, puedes…   **d.** gafas de sol.

_____ **5.** Si prefieres observar la naturaleza, puedes ver…   **e.** por la arena.

VideoNovela

Supplemental Vocabulary

casarse *to get married* **amaba** *loved* **represa** *dam*
felicitó *congratulated* **señal** *sign* **qué casualidad**
modo *way* **de casualidad** *by chance* *what a coincidence*

Pre-viewing

1 Look at this scene from **El relicario, Episodio 9.** Who do you think Jorge is meeting? What do you imagine he says? Write your responses on a separate sheet of paper.

Post-viewing

2 Who says the following lines? Write the letter of the corresponding person in the space provided.

> **a. Alberto Gallegos** **c. don Jorge Calderón**
> **b. Graciela** **d. el joven Jorge**

_____ **1.** Ese día que Graciela aceptó casarse conmigo fue un día muy feliz para mí.

_____ **2.** Tengo algo que enseñarle.

_____ **3.** ¿Usted sabe dónde vive el ingeniero Jorge Calderón?

_____ **4.** ¿En qué le puedo ayudar?

_____ **5.** Jorge era el amor de mi vida cuando éramos jóvenes.

_____ **6.** ¿Quién le dio esto?

3 Read the following statements. Mark each one **a) cierto** or **b) falso.**

_____ **1.** El abuelo de Victoria no quería casarse con Graciela.

_____ **2.** Graciela amaba mucho a Jorge.

_____ **3.** Graciela pensaba que Jorge no la amaba.

_____ **4.** Jorge se sintió feliz cuando supo que Graciela y Alberto se iban a casar.

_____ **5.** Mucha gente en La Fortuna conoce al ingeniero Jorge Calderón.

_____ **6.** El amigo de Victoria le muestra el relicario al ingeniero Calderón.

Variedades

Supplemental Vocabulary

vacas *cows*	**patrones** *bosses*
ración *portion*	**cambio** *change*
haceme caso *listen to me*	

Pre-viewing

1 You will hear the following cognates in **Variedades.** Next to the Spanish word, write the corresponding English word.

1. secreto ___________________

2. resultado ___________________

3. producto ___________________

4. final ___________________

5. balanceadas ___________________

2 Complete the following statements from **Variedades** with the words from the box. Not all the words are used.

acuerdo	amigas	balanceadas	bueno	Campera
huevos	increíble	mejor	perros	producto	Raciones	secreto

1. El ___________________ de mis vacas está en la ración.

2. Desde que comencé con ___________________ todo cambió.

3. El resultado de esta ración es ___________________.

4. Lo ve uno en el ___________________ final.

5. Y en verdad el cambio fue ___________________.

6. Para mis ___________________ yo siempre quiero lo mejor.

7. Y estamos todos de ___________________.

8. ___________________ balanceadas Campera.

---

  (108)

GeoVisión   # Buenos Aires

ACTIVITY MASTER

Supplemental Vocabulary

gobierno *government*	**antiguo** *old*	**pintorescas** *picturesque*
altura *height*	**orgullo** *pride*	**exponen** *exhibit*
señala *it signals*	**porteños** *residents of*	**antigüedades** *antiques*
bandera *flag*	*Buenos Aires*	**sepultados** *buried*
alzada *raised*	**flota** *fleet*	**próceres** *political leaders*

Pre-viewing

1 Look at the following places found in Buenos Aires. Beneath each photo, write if it's **un barrio, un teatro, un cementerio** or **una avenida.**

1. _____________ 2. _____________ 3. _____________ 4. _____________

Post-viewing

2 Identify each photo in Activity 1. Write the correct name in the space provided.

La Boca	Colón	La Recoleta	Tortoni	9 de Julio

1. __________________________________

2. __________________________________

3. __________________________________

4. __________________________________

3 Match each name with its correct description.

_____ **1.** Caminito   **a.** Aquí vienen importantes figuras líricas y del ballet.

_____ **2.** Obelisco   **b.** Hay muchos artistas en esta esquina pintoresca.

_____ **3.** Plaza de Mayo   **c.** Eva Perón está sepultada en este cementerio.

_____ **4.** Teatro Colón   **d.** Es donde ocurrió la revolución contra los españoles.

_____ **5.** La Recoleta   **e.** Aquí la bandera argentina fue alzada por primera vez.

Holt Spanish 2   Lab Book

ExpresaVisión 1

Pre-viewing

1 If you are visiting a city for first time, how would you get around? Where would you stay? How would you pay?

____

____

____

Post-viewing

2 Complete the following paragraph with the words in the box, according to what Celia says in **ExpresaVisión.**

albergue	**cabina**	**ciudad**	**efectivo**	**guía**
hospedarse	**hotel**	**moneda**	**plano**	**tarjeta**

Cuando visitan una _____________________ por primera vez, es muy

importante que tengan una _____________________ turística y un

_____________________ de la ciudad. Pueden _____________________

en un _____________________ juvenil o en un _____________________.

Para pagar sus compras, pueden hacerlo con _____________________ de

crédito o en _____________________. Si necesitan hacer una llamada, deben

ir a una _____________________ telefónica y deben pagar la llamada con

_____________________.

3 Answer the following questions.

1. ¿Hay cabinas telefónicas donde vives? _____________________

2. ¿Hay un albergue juvenil en tu ciudad o pueblo? _____________________

3. ¿Tienes una tarjeta de crédito con tu nombre? _____________________

4. En el plano de tu ciudad o pueblo, ¿hay un aeropuerto?

   ____

5. ¿Dónde puedes conseguir una guía turística de tu estado?

   ____

6. ¿Cómo se llama el hotel que está más cerca de tu casa? _____________________

7. ¿Dónde tienes algunas monedas? _____________________

VideoCultura: Comparaciones

CAPÍTULO
10
ACTIVITY MASTER 2

Supplemental Vocabulary

temporada *season*
sur *south*
pistas *slopes, runs*
movida cultural *cultural scene*

arman *set up*
peñas *parties*
lagunas *lagoons*
destino *destination*

mundial *worldwide*
salir de marcha *clubbing*

Pre-viewing

1 ¿Vienen muchos turistas a tu estado? ¿En qué estación vienen más? ¿Qué hacen?

____

____

Post-viewing

2 In the chart below, check off the places and activities that each interviewee mentions in **Comparaciones.**

	Eugenia	Ricardo	Guillermo
museo			
teatro			
cine			
playa			
comer			
bailar			
esquiar			
salir por la noche			

3 Complete each statement below with **Argentina, El Paso,** or **España,** according to what was said in the interviews.

1. Gente de varias ciudades van a ______________ en la temporada de fútbol americano.

2. Muchos turistas van a ______________ en verano para disfrutar del sol y el mar.

3. ______________ es el segundo destino turístico en el mundo.

4. Mucha gente va a ______________ en invierno a esquiar en el sur.

5. Los turistas pueden visitar el Museo del Prado en ______________.

6. Se recomienda que los turistas vayan a la Patagonia en ______________.

7. En ______________ hay platillos mexicanos que uno puede comer, riquísimos.

8. En ______________, se puede aprender el tango en las calles.

Holt Spanish 2

Lab Book

ExpresaVisión 2

Pre-viewing

1 Think of three ways you can close a letter or postcard in English. Write each expression on a separate line.

____

____

____

Post-viewing

2 Check off the expressions that Martín uses in his postcard to Celia.

_____ Espero que estés bien.   _____ Te mando un gran abrazo.

_____ Dale saludos a todos de mi parte.   _____ Te echo mucho de menos.

_____ Bueno, me tengo que ir.   _____ Querida,

_____ Un saludo de,   _____ Con cariño,

3 Circle the expression in Activity 1 that is equivalent to the one that Martín uses.

4 Identify each photo below. Not all the words in the box are used.

| una cascada | un cibercafé | un crucero | una selva | un volcán |

1. _________________   2. _________________   3. _________________

5 Read the following statements. Mark each one **a) cierto** or **b) falso,** according to Martín's postcard.

_____ **1.** Martín terminó su viaje por las Américas.

_____ **2.** En Puerto Rico, Martín fue a una selva tropical.

_____ **3.** El Arenal es un volcán que todavía está activo.

_____ **4.** Martín irá a un cibercafé en Puerto Rico.

_____ **5.** Martín espera que Celia le mande un e-mail.

_____ **6.** Martín le echa mucho de menos a Celia.

VideoNovela

CAPÍTULO 10

ACTIVITY MASTER 4

Supplemental Vocabulary

entregó *gave*	**devuelvo** *give back*	**atreví** *dared*
me equivoqué *I was wrong*	**pedazo** *piece*	**prometo** *promise*
amaba *loved*	**agradecer** *to give thanks*	**esposa** *wife*
casarse *to get married*	**culpa** *fault*	**raro** *strange*
tardaste *you took long*	**comprometida** *engaged*	**pensamientos** *thoughts*

Pre-viewing

1 On a separate sheet of paper, summarize what happened in Costa Rica in 1955, the afternoon that Graciela accepted Alberto's marriage proposal. How did Alberto feel? Why did Graciela marry Alberto? What was Sonia doing at Graciela's house? What must have Jorge assumed?

Post-viewing

2 Read the following statements. Mark each one **a) cierto** or **b) falso.**

_____ **1.** Don Jorge pensaba que su hermana le había dado el relicario a Graciela.

_____ **2.** La carta de Graciela dice que ella siempre quiso más a Alberto que a Jorge.

_____ **3.** La carta de Alberto dice que él no sabía que Jorge quería a Graciela.

_____ **4.** Alberto espera que Jorge recuerde que los tres fueron los mejores amigos.

_____ **5.** Sonia se siente mal porque no le dio el relicario a tiempo a Graciela.

_____ **6.** El ingeniero piensa que fue la culpa de Sonia que Graciela se casó con Alberto.

_____ **7.** Don Jorge quiere que Victoria vaya al cementerio y le dé el relicario a su abuela.

_____ **8.** Alberto supo que Jorge y Graciela se querían después que Graciela murió.

_____ **9.** Victoria lee las cartas de los dos Jorges en el cementerio.

_____ **10.** El ingeniero piensa que Alberto fue un mal amigo.

3 Identify who made the following statements: **Alberto, Graciela, Jorge,** or **Sonia.**

1. Yo quería darle un regalo que representara mi amor por ella. ___________

2. No sabía de tus sentimientos hacia Graciela. ___________

3. Dile a tu abuelo que siempre fue y será mi mejor amigo. ___________

4. Siempre te quise y sigo queriéndote. ___________

5. Vi lo herido que estaba y no me atreví a contarle la verdad. ___________

6. Cuando tu hermana me envió el relicario con tu inscripción, supe que cometí un error. ___________

Variedades

Supplemental Vocabulary		
gozar *to enjoy*	**bembé** *Afro-Cuban rhythm*	**quejo** *complain*

Pre-viewing

1 Check off the instruments you expect to see in a music video.

_____ piano   _____ tamborine

_____ drums   _____ accordion

_____ electric guitar   _____ keyboard

_____ trumpet   _____ saxophone

Post-viewing

2 Go back to Activity 1 and circle the instruments featured in **Variedades.**

3 Answer the following questions about **Variedades.**

_____ **1.** ¿Dónde están?
   a. En una ciudad grande.
   b. Cerca de una playa.
   c. En la montaña.

_____ **2.** ¿Qué deporte le gusta a Carlos Vives?
   a. el fútbol
   b. el volibol
   c. el béisbol

_____ **3.** ¿Qué dice Carlos Vives que es?
   a. Es muy lindo.
   b. Es un gran futbolista.
   c. Es pacífico, es Caribe.

_____ **4.** ¿Con qué goza Carlos Vives?
   a. Con el Pibe.
   b. Con el bembé africano.
   c. Con la música colombiana.